创新型学前教育专业精品教材

环境创设

主审　吴丽平

主编　陆　辉　韦　慧

江苏大学出版社
JIANGSU UNIVERSITY PRESS

镇　江

内 容 提 要

本书详细阐述了幼儿园环境创设的相关知识。全书共8个模块，具体内容包括“无声环境，有声教育——幼儿园环境创设概述”“域见自然，放飞童心——幼儿园室外环境创设”“启智养正，润物无声——幼儿园室内公共环境创设”“乐在区角，境遇美好——幼儿园班级环境创设”“环绕童趣，浸润童心——幼儿园主题活动环境创设”“情暖童心，呵护成长——幼儿园精神环境创设”“一园一品，特色兴园——幼儿园特色环境创设”“以评促教，高质发展——幼儿园环境评价”。

本书内容全面、结构新颖、板块丰富、案例典型、活动多样，集知识性、实践性、趣味性于一体，可作为各类院校学前教育专业的教材。

图书在版编目（CIP）数据

幼儿园环境创设 / 陆辉，韦慧主编. -- 镇江 : 江苏大学出版社，2024. 11
ISBN 978-7-5684-2002-0

Ⅰ. ①幼… Ⅱ. ①陆… ②韦… Ⅲ. ①幼儿园－环境设计－高等学校－教材 Ⅳ. ①G617

中国国家版本馆CIP数据核字（2023）第124289号

幼儿园环境创设
You’eryuan Huanjing Chuangshe

主　　编 / 陆　辉　韦　慧
责任编辑 / 李　娜
出版发行 / 江苏大学出版社
地　　址 / 江苏省镇江市京口区学府路301号（邮编：212013）
电　　话 / 0511-84446464（传真）
网　　址 / http://press.ujs.edu.cn
排　　版 / 三河市祥达印刷包装有限公司
印　　刷 / 三河市祥达印刷包装有限公司
开　　本 / 787 mm×1 092 mm　1/16
印　　张 / 14.5
字　　数 / 297千字
版　　次 / 2024年11月第1版
印　　次 / 2024年11月第1次印刷
书　　号 / ISBN 978-7-5684-2002-0
定　　价 / 58.00元

如有印装质量问题请与本社营销部联系（电话：0511-84440882）

前言

FOREWORD

幼儿的发展是在与周围环境的相互作用中实现的，良好的教育环境对幼儿的身心发展具有积极的促进作用。我国教育部颁布的《幼儿园教育指导纲要（试行）》指出："环境是重要的教育资源，应通过环境的创设和利用，有效地促进幼儿的发展。"因此，在实际的教育教学过程中，教师应积极创设与教育目标相适应的环境，让幼儿在宽松、和谐、快乐的环境中获得有益于身心发展的经验。

为了使学生认识到幼儿园环境创设在学前教育中的重要意义，帮助学生更好地理解幼儿园环境创设的相关理论，掌握幼儿园环境创设的方法，为未来的职业发展打下坚实的基础，我们本着突出实践性、实用性及可操作性的原则，编写了《幼儿园环境创设》一书。在编写过程中，我们根据幼儿园环境创设的前沿理论，结合幼儿园教育教学活动的实际情况，在编写理念、教学内容、知识结构、呈现形式、实践活动上均进行了创新。

具体说来，本书具有以下特色。

一、素质教育，润物无声

党的二十大报告指出："育人的根本在于立德。"本书坚持育人和育才相结合的原则，将文化传承与文化自信、人文精神与社会责任等素质教育元素有机地融入正文内容与各个板块中，以"润物细无声"的方式对学生进行素质教育，以促进学生全面发展，使学生成长为德才兼备的人才。例如，"环创微课堂"板块集中展现了幼儿园环境创设的前沿理论、以幼儿为本的环创理念、体现教师专业水平和职业素养的环创案例等内容，以帮助学生建立科学环创的意识、树立尊重幼儿的职业理念。

二、凝心聚力，协同育人

在编写本书的过程中，我们听取了众多学前教育工作者的意见，在正文内容的讲解及体例的设置上充分考虑学前教育专业学生的岗位需求，以及教师在幼儿园环境创设中发挥的作用，力求突出内容的实用性和专业性，提升教材的职业属性，从而促进学生真正做到学以致用。

三、岗证融通，增值赋能

本书积极探索“岗课赛证”综合育人的创新教育模式，在内容安排上，不仅以就业岗位为导向，而且将历年幼儿园教师资格考试的真题融入“环创小热身”板块中，为学生成功考取证书助力，为提高人才培养质量、提升学生的就业竞争力奠定坚实基础。

四、内容全面，结构完整

本书内容全面，结构完整，既从总体上介绍了幼儿园环境创设的基本原理，又从幼儿园室外环境、幼儿园室内公共环境、幼儿园班级环境、幼儿园主题活动环境、幼儿园精神环境、幼儿园特色环境多个方面介绍了环境创设的方法，同时对幼儿园环境评价进行了讲解，旨在帮助学生较全面地掌握幼儿园环境创设的相关知识和技能，具有较强的指导性和实用性。

五、板块丰富，图片精美

本书将幼儿园环境创设的关键环节分为若干个模块，每个模块均设置了“模块导读”“环创初体验”“环创微课堂”“环创小热身”“环创展身手”等板块，既有利于激发学生的学习兴趣，又能帮助教师丰富课堂教学形式。其中，“环创展身手”板块通过丰富多样的校内外实践活动，全面提升学生的职业技能和职业素养。正文中还穿插设置了“经典案例”“课堂讨论”“小贴士”等板块，不仅能够活跃课堂气氛，还能帮助学生加深对所学知识的理解。此外，本书配有大量贴合内容的精美图片，大大提升了教材的趣味性和可读性。

六、与时俱进，平台支撑

本书配有丰富的数字资源，读者可以借助手机或其他移动设备扫描二维码观看微课视频，也可以登录文旌综合教育平台“文旌课堂”查看和下载本书配套资源，如教学课件、课后习题答案等。读者在学习过程中有任何疑问，都可以登录该平台寻求帮助。

此外，本书还提供了在线题库，支持“教学作业，一键发布”，教师只需通过微信或“文旌课堂”App扫描扉页二维码，即可迅速选题、一键发布、智能批改，并查看学生的作业分析报告，提高教学效率、提升教学体验。学生可在线完成作业，巩固所学知识，提高学习效率。

本书由吴丽平担任主审，陆辉、韦慧担任主编，李玲、段国勋、严雨亭、姚丽、余云、陈丽担任副主编。本书在编写过程中，参考了大量资料并引用了部分文章和图片。这些引用的资料大部分已获授权，但由于部分注明来源的资料来自网络，我们暂时无法联系到原作者。对此，我们深表歉意，并欢迎原作者随时与我们联系，我们将按规定支付稿酬。

此外，本书没有注明资料来源的部分案例为编者自编。由于编者水平有限，书中难免存在不足或疏漏之处，敬请广大读者批评指正。

本书配套资源下载网址和联系方式

网址：https://www.wenjingketang.com

电话：400-117-9835

邮箱：book@wenjingketang.com

目录

CONTENTS

01 模块一

无声环境，有声教育——幼儿园环境创设概述 1

02 模块二

03 模块三

05 模块五

环绕童趣，浸润童心——幼儿园主题活动环境创设 117

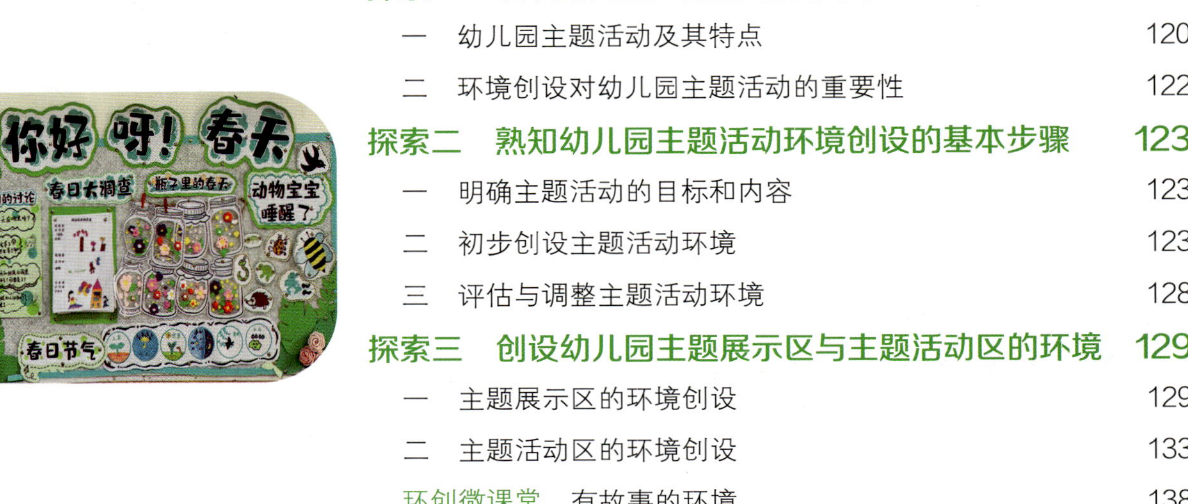

06 模块六

情暖童心，呵护成长——幼儿园精神环境创设 147

模块一

无声环境，有声教育——幼儿园环境创设概述

模块导读

《幼儿园教育指导纲要（试行）》明确指出：“环境是重要的教育资源，应通过环境的创设和利用，有效地促进幼儿的发展。”幼儿园作为专门性的教育机构，有责任也有义务为幼儿提供健康、丰富的生活和活动环境，把环境的课程价值和教育功能落到实处，促进幼儿身心和谐健康发展。

知识目标

- 熟知幼儿园环境与幼儿园环境创设的含义。
- 明确幼儿园环境创设的意义。
- 掌握幼儿园环境创设的原则和方法。

能力目标

- 能够在实践中遵守幼儿园环境创设的原则，并熟练应用幼儿园环境创设的方法，创设有助于促进幼儿学习、游戏、成长的教育环境。
- 能够合理开发和利用常见的幼儿园环境教育资源，为幼儿创设良好的教育环境。

素质目标

- 理解环境的育人价值，激发对学前教育工作的热情。
- 树立与时俱进的教育观和儿童观，立志成为有理想信念、有道德情操、有扎实学识、有仁爱之心的好老师。

同样用心，为何环创的效果却大不相同？

一年一度的中秋节即将来临，为了让幼儿更好地了解我国的传统节日和习俗，某幼儿园要求各主班老师以中秋节为主题进行环境创设。

王老师希望为幼儿营造一个唯美、隆重的中秋氛围，于是特地咨询了自己从事设计工作的朋友，精心设计了环境创设的方案。之后，为了将方案完美地呈现出来，王老师购买了很多精致、漂亮的成品材料。在活动前一天，王老师根据设计好的方案精心布置了教室环境。教室在精美的灯笼、可爱的玉兔、漂亮的嫦娥仙子等各种中秋元素装饰物的衬托下，显得美轮美奂。然而，中秋节那天，小朋友们虽然一开始对各种漂亮的装饰物连连称赞，但是很快就失去了探索的兴趣。

当得知要以中秋节为主题开展环境创设后，李老师立马发动班里的小朋友从家里搜集了一些废旧物品，如纸盒、纸杯、纸盘等。在开展教学活动时，李老师带领班里的小朋友用这些材料一起制作了“月亮”“月饼”“玉兔”等中秋元素装饰物，抓拍了一些教学活动的精彩瞬间。最后，李老师用这些装饰物和活动照片完成了环境创设。虽然这些装饰物制作稍显粗糙，并不完美，但当小朋友们看到自己的手工作品被展示在主题墙上时特别开心，他们还你一言我一语，热烈地讨论着自己知道的关于中秋节的习俗，以及自己在中秋节想做的事等。

图 1-1 所示为以中秋节为主题的环境创设作品。

图 1-1　以中秋节为主题的环境创设作品

思考与探究：

（1）请结合上述案例谈谈你对幼儿园环境创设的认识。

（2）如果你是一名幼儿教师，你会如何开展幼儿园环境创设工作？

探索一 掌握幼儿园环境创设的基本原理

一 幼儿园环境与幼儿园环境创设

《幼儿园教育指导纲要（试行）》明确指出："幼儿园应为幼儿提供健康、丰富的生活和活动环境，满足他们多方面发展的需要，使他们在快乐的童年生活中获得有益于身心发展的经验。"

（一）幼儿园环境

幼儿园是幼儿长期生活、游戏和学习的场所。在幼儿园，幼儿的身心发展不仅有赖于系统的教学，更受到周围环境潜移默化的熏陶和影响。

幼儿园环境有广义和狭义之分。广义的幼儿园环境是指幼儿园教育赖以进行的一切条件的总和。它既包括幼儿园的内部环境，也包括与幼儿园教育有关的家庭、社会、自然、文化等外部环境。狭义的幼儿园环境是指幼儿园的内部环境，即幼儿园内对幼儿身心发展产生影响的物质和精神要素的总和。本书中讨论的幼儿园环境主要是指狭义的幼儿园环境。幼儿园环境可以按照存在形式和组成性质进行分类，具体如下。

（1）按存在形式的不同，幼儿园环境可分为室外环境和室内环境。其中，室外环境包括园门、宣传栏、绿化景观和多样化的户外活动区域等；室内环境包括大厅、走廊、楼梯、教室和各类活动室等。图1-2所示为某幼儿园的室外环境。

图1-2 某幼儿园的室外环境

（2）按组成性质的不同，幼儿园环境可分为物质环境和精神环境。幼儿园物质环境是指幼儿园内供幼儿学习、活动、游戏、交往的空间及场所，是显性的，如户外活动区、教室和走廊等。幼儿园物质环境是学前教育存在与发展的前提和必备条件，是促进幼儿身心全面发展的基本保障。幼儿园精神环境是幼儿学习、活动、游戏、交往所需的“软质环境”，即幼儿园的心理环境，包括幼儿园的人际关系、文化氛围等。精神环境是隐性的，对幼儿认知、情感、个性品质的形成与发展具有重要意义。

幼儿园环境不仅是幼儿学习的必备条件，也是教育的重要手段。在幼儿园中，环境与教育是交织在一起的。一方面，环境是教育的重要组成部分，可以为幼儿提供各种学习机会；另一方面，教育需要通过环境来促进幼儿的发展。

（二）幼儿园环境创设

幼儿园环境创设是指教师从幼儿园的基本理念和教育目标出发，根据幼儿身心发展的规律，充分挖掘和利用生活中的各种教育资源，与幼儿共同完成环境的设计与布局，布置能与幼儿相互作用并促进幼儿身心发展的环境的过程。

相对于外界环境，幼儿园作为专门的幼儿教育机构，其环境具有教育性和可控性。这意味着幼儿园环境的构成处在教育者的控制之下，环境创设不仅是美化环境的手段，更是教育者实现教育意图的重要中介。

幼儿园环境创设是一项复杂的工程，要想做好幼儿园环境创设，教师需要全面地了解幼儿身心发展的特点，充分认识环境这一重要资源的教育价值，用科学的方法创设出贴近幼儿生活、让幼儿喜欢、能满足幼儿好奇心、可供幼儿探索的环境，引导幼儿和环境亲密互动，最大限度地发挥环境的教育功能。

课堂讨论

有观点认为，环境的内容决定了幼儿接受的刺激，进而影响幼儿的行为，因此幼儿园的环境必须是精心设置的。你认同这一观点吗？为什么？请结合实例谈谈你对幼儿园环境的教育性和可控性的理解。

精心设置幼儿园环境的必要性探讨

二 幼儿园环境创设的意义

俗话说：“环境造就人。”环境能影响人、熏陶人，也能潜移默化地改变一个人。我国古代“孟母三迁”的故事就充分说明了环境对人的塑造作用。美国教育家杜威也提出，要想改变一个人，要先改变其所处的环境。

环境是幼儿园课程的重要组成部分，是幼儿的第三位老师，是隐性的教育资源。一个好的幼儿园环境就如同一本立体的、多彩的、富有吸引力的无声教科书，潜移默化地影响着幼儿的成长与发展。具体而言，幼儿园环境创设的意义可以归纳为以下几个方面。

（一）促进幼儿的认知发展

幼儿的认知是在与周围环境相互作用的过程中不断发展的。精心创设的幼儿园环境包含着丰富多彩的内容，能够调动幼儿与环境互动的兴趣，从而有效促进幼儿的认知发展。教师可以利用幼儿园环境创设对幼儿进行生动、直观、形象的教育，有针对性地影响或促进幼儿的认知发展。例如，在“认识秋天”主题活动中，教师在走廊墙面上创设“秋意正浓时”主题墙面（见图1-3），使幼儿在每次经过走廊时，都可以感受到浓浓秋意，同时增进对秋天的认知。

全貌

局部

图1-3 “秋意正浓时”主题墙面

（二）促进幼儿的社会性发展

幼儿的社会性发展是其未来人格发展的重要基础。幼儿园环境是幼儿与同伴之间、幼儿与教师之间互动的关键性因素，对幼儿的社会性发展具有深刻影响。

首先，一个安全、舒适、美观的幼儿园环境能够让幼儿感到放松和愉悦，促使他们积极与他人交往；其次，合理的空间布局和设施安排能够支持幼儿进行各种社会交往活动；最后，幼儿园开展的各种教育活动能够为幼儿提供丰富的交往机会。这些都有助于锻炼幼儿的社会交往能力，让他们学会如何与他人合作、分享和沟通，从而促进其社会性发展。

（三）保障幼儿的身心健康

良好的幼儿园环境是保障幼儿身心健康发展的重要条件之一。这主要表现在以下几个方面：① 安全、卫生、舒适的幼儿园环境可以减少幼儿受伤和生病的风险；② 温馨、和谐、充满爱的幼儿园环境有利于幼儿的心理健康；③ 通过参加各种教育活动，幼儿既能锻炼身体、增强体质，又能学到一些关于健康的常识，培养良好的行为习惯。

（四）激发幼儿的创造潜能

幼儿不是环境创设的消极旁观者和享用者，而是环境创设的积极参与者和互动者。在环境创设的过程中，不管是在教师的引导下构思环创方案、搜集材料、动手布置和管理环境，还是探索环境、与环境充分互动，幼儿的主人翁意识和创造潜能都能得到有效激发。

经典案例

在某次环保主题教育中，王老师引导幼儿在生活中寻找各种废旧物品，并让幼儿思考怎样才能让废旧物品变废为宝。在活动开展的过程中，王老师通过创设“生态文明　童心同行”的情景，引导幼儿围绕如何保护温柔的“海洋巨人”鲸鱼展开思考，激发幼儿学习的愿望和动手的兴趣，鼓励幼儿发散思维，利用废旧物品创造各种与主题相关的手工作品。在这个过程中，幼儿不仅感受到了创造的快乐、探索的惊喜和合作的愉快，还在不知不觉中提升了自身的审美能力和创新能力。图1-4所示为师幼共创的环保主题墙面。

图1-4　师幼共创的环保主题墙面

总体而言，创设整洁有序、与教育相适应的良好环境，是幼儿园实现教育目标，保证幼儿身心健康，促进幼儿全面发展的必要条件。可以说，幼儿园环境创设是幼儿园课程建设的重要组成部分，是幼儿园的一项非常重要的工作。

三 幼儿园环境创设的原则

幼儿园环境创设是一项专业性的工作，需要系统规划，周密安排，精心实施。为了更好地促进幼儿的成长和发展，幼儿园环境创设应遵循以下原则。

（一）安全性原则

安全性原则是指幼儿园环境创设要以幼儿的人身安全和心理健康为前提。安全性原则是幼儿园环境创设的首要原则。

保护幼儿的安全既是幼儿园的基本责任，也是贯彻“保教并重”原则的必要措施。一方面，教师应保证幼儿园物质环境的安全，幼儿园的园舍建筑、活动场所、设施设备、玩教具材料等必须符合国家颁布的相关卫生标准和安全标准；另一方面，教师应为幼儿创设一个安全的心理环境，营造一个良好和谐的人际氛围，充分保护幼儿的心理安全，呵护幼儿的心理健康。

（二）教育性原则

教育性原则是指幼儿园环境创设要凸显环境的教育价值，让环境成为一种具备教育功能的隐性课程。这就要求教师在进行幼儿园环境创设时，不能一味地追求美观，而必须以幼儿园的教育目标为出发点，在兼顾美观的同时，把教学任务隐藏在环境之中，加强环境对幼儿行为习惯、想象能力、创造能力、社会性发展等方面的支撑作用，使其能够以“润物细无声”的方式影响幼儿，促进幼儿的全面发展。

通常，在制订幼儿园的周、月、学期、学年计划时，教师就应考虑如何利用环境的创设达成课程目标，以充分挖掘环境的育人价值。

例如，在布置班级环境时，教师可以创建一个迷你植物园，同时通过“植物的生长日记”“我是小小园丁”等活动激发幼儿对自然环境的兴趣，培养他们的观察能力、科学探究能力和环境保护意识。

又如，在开展“车子叭叭叭”主题活动时，教师可以发动幼儿从家里带来自己的汽车玩具或汽车模型，带领幼儿在课堂上认识各种汽车，制作常见的交通标志，并利用这些材料与幼儿共创主题墙面，帮助幼儿巩固课堂上学到的知识。图1-5所示为师幼共创的“车子叭叭叭”主题墙面。

图1-5　师幼共创的“车子叭叭叭”主题墙面

（三）发展适宜性原则

发展适宜性原则是指幼儿园环境创设要符合幼儿的年龄特征并满足幼儿的身心健康发展需要，所创设的环境要能促进每个幼儿全面、和谐地发展。

幼儿正处在身体、智力迅速发育及个性形成的重要时期，处于不同年龄阶段的幼儿有着不同的发展特点，其身心发展所需要的环境也不尽相同。另外，即使是处于同一年龄阶段的幼儿，他们在认知、兴趣、能力等方面也存在一定的差异。总的来说，幼儿的身心特点和发展需要会随着年龄的增长而发展变化，教师要根据幼儿的年龄特征和个体差异为其创设适宜的环境。

例如，根据皮亚杰的认知发展阶段论，小班幼儿正处于前运算阶段的初级阶段，他们往往通过感知和动作认识事物，对具体的事物感兴趣。同时，小班幼儿开展游戏的形式以独自游戏和平行游戏（指幼儿和同伴同时游戏，但在游戏过程中各玩各的、互不侵犯的一种游戏形式）为主，且在游戏中喜欢模仿他人的行为。考虑到小班幼儿的这些特性，教师在为小班幼儿创设环境时，应提供富有情景性的活动环境；投放游戏材料时，应多提供一些种类相同的高结构玩具，以供其相互模仿。

课堂讨论

教师在为中班和大班幼儿创设环境时，应注意哪些要点？

（四）参与性原则

参与性原则是指幼儿园环境创设应由幼儿与教师共同参与，合作完成。环境的教育性不仅蕴涵于环境之中，而且蕴涵于环境创设的过程之中。正如我国教育家陈鹤琴先生所说，要使幼儿理解环境中的事物，就需要让他们用自己的双手和思想布置环境。此外，让幼儿参与到环境创设的过程中，还有助于培养其探索精神、合作精神和责任感。

教师应把创设环境的过程作为教育的过程，充分尊重幼儿在教育活动中的主体地位，以幼儿的发展为核心，着力营造利于互动的良好情感氛围，引导幼儿参与环境创设的方方面面，让幼儿在参与环境创设的过程中与环境“对话”，并从中受到教育。

例如，在创设关于四季的墙面环境时，教师可以布置一个留白的拼图区，让幼儿根据自己所知道的关于四季的知识，用树叶、草、花等自然物，以及小动物图片、模型等材料布置墙面，从而引导幼儿在布置墙面的过程中通过观察、思考加深对四季的认识。

（五）开放性原则

开放性原则是指幼儿园环境创设要把幼儿园的园内环境和园外环境有机结合起来，形成一个开放的幼儿教育环境。

利用开放的教育环境对幼儿进行教育，是教育者应该树立的“大教育”观。随着社会科技与文化不断发展，社会环境对教育的影响越来越大。教师应注重对各类社会资源的开发和利用，加强与社区、家庭的合作，使幼儿在一个开放的环境中接受多方面的教育，从而获得更加全面的成长。

例如，在开展消防安全教育活动时，教师可以充分利用社区资源，组织幼儿走进附近的消防大队参观并体验消防员的生活，学习消防知识，如图1-6所示。通过该活动，幼儿可以近距离接触消防员和消防车，增进对消防安全知识的了解，获得更加真实、深刻、难忘的体验。

图1-6 幼儿园组织的消防安全教育活动

（六）经济性原则

经济性原则是指幼儿园环境创设应考虑幼儿园自身的经济条件，因地制宜，减少不必要的开支。

幼儿园环境创设的关键在于能否促进幼儿的发展，而不是花费了多少钱，用了多少“高档”的硬件设备和物料。教师在进行环境创设时，不能盲目攀比或生搬硬套别人的做法，而应贯彻经济性原则，在保证安全和卫生的前提下“少花钱多办事”，变废为宝，一物多用，并尽可能地结合本地、本园特点创设出独具特色的空间环境。

经典案例

某乡村幼儿园所在地区有丰富的农耕资源，该园教师在配合教育活动进行环境创设时，充分考虑本地乡情和本园特色，挖掘乡村的农耕资源，创设了“五谷丰登”农耕文化展（见图1-7）。展出的物品都是村里常见的农具、农产品等，这些物品有的是幼儿从家里带来的，有的是教师向邻居借来的，有的是附近村民提供的。

在参与创设农耕文化展环境的过程中，幼儿们认识了各种各样的农耕工具、农作物、农产品等，增进了对本地农业文化的了解。

整体

局部1

局部2

局部3

图1-7 “五谷丰登”农耕文化展

四 幼儿园环境创设的方法

（一）讨论法

讨论法是指在环境创设的过程中，教师引导幼儿通过讨论集思广益、相互启发，以确定环境创设的主题和内容，以及与环境互动的方法。

幼儿园环境创设的主题和内容往往是从幼儿感兴趣的话题派生出来的。如果幼儿对教育活动或生活中的某个主题特别感兴趣，教师就可以组织相关活动，因势利导地引导幼儿对这一内容进行讨论，派生出有关这一活动的墙饰、窗饰、门饰或区域活动的布置方案。

教师在运用讨论法时应注意以下几点：① 应引导幼儿围绕主题展开讨论；② 所设置的问题不能超出幼儿的认知；③ 应鼓励幼儿大胆发表自己的看法并认真倾听同伴的回答。

经典案例

某幼儿园中班教室内艺术区和阅读区相邻，两个区域之间没有明显的界线。在某次区域活动中，两个幼儿在艺术区和阅读区相接的位置争论了起来。王老师关注到这一情况后，迅速介入，首先安抚了幼儿的情绪。然后，王老师通过耐心询问两个幼儿各自的想法，了解了他们发生冲突的原因。原来，其中一个幼儿想看书，到阅读区后发现没地方了，于是便想让占用阅读区画画的幼儿到旁边的艺术区画画，但正在画画的幼儿不肯离去，一来二去，双方便争论了起来。

王老师了解清楚情况后并没有急于下定论，而是借机组织了一次讨论活动，耐心引导全班幼儿学会区分艺术区和阅读区。王老师说：“小朋友们想一想，该如何区分看书和画画的地方呢？”幼儿A一边比画一边说：“可以在中间画条线，这边是看书的地方，那边是画画的地方。”王老师肯定了他的想法，继续鼓励其他幼儿发言。幼儿B说：“地垫上画的线看不清。”幼儿C思考片刻后说：“可以把棕色地垫放一起作为画画的地方，白色地垫放一起作为看书的地方。”王老师及时给予鼓励，其他幼儿也赞同这一观点，于是大家一起调整了地垫的摆放方式。

（二）探索法

探索法是指教师通过创设可进入、可亲近、可触摸的开放环境，吸引幼儿参与其中，与环境进行互动，充分体验环境带来的感受，从中发现问题并解决问题，从而在感受和体验中获得知识和经验的方法。这种方法可以激发幼儿的好奇心和求知欲，培养幼儿学习和探索的内在动机。

教师在运用探索法时应注意以下几点：① 创设的环境和提供的材料应能够吸引幼儿的兴趣；② 应贯彻幼儿独立探索与教师指导相结合的原则；③ 要引导幼儿在探索中主动运用已有知识解决问题，以便帮助他们树立解决问题的信心。

经典案例

某班在搬迁活动室时，张老师事先把活动室中精美的墙饰拆掉了。当看到空荡荡、一点也不漂亮的活动室时，很多幼儿都产生了和张老师一起布置墙饰的想法。

张老师当即鼓励幼儿发散思维，根据自己的兴趣和想法自主设计并布置墙饰。张老师先组织全班幼儿针对如何布置活动室展开了充分的讨论，初步确定了墙饰的布置方案；然后，张老师把墙饰布置的主动权交给幼儿，让幼儿自主装饰墙饰。这种让幼儿自己充分探索的做法，极大地提高了幼儿参与环境创设的积极性和主动性。在布置墙饰的过程中，幼儿不仅学到了各种知识，还锻炼了动手动脑能力。

（三）操作法

操作法是指在环境创设的过程中，教师通过引导幼儿动手操作，让幼儿在亲身体验中学习和成长的方法。动手操作是幼儿获取知识经验的重要方法之一。这种方法能促进幼儿的智力发展，培养其创新意识和创造能力，从而为幼儿个性的形成和全面发展奠定良好基础。

教师在运用操作法时应注意以下几点：① 应根据幼儿的兴趣和发展水平，为其提供适宜的材料和环境，鼓励幼儿积极参与各种动手操作活动；② 应向幼儿展示各种不同的操作方式，以引起幼儿的兴趣；③ 应允许幼儿操作错误，同时用引导的方式帮助其纠正错误。

经典案例

在某大班的教学活动上，赵老师提出“汽车在什么样的路面上跑得最快”这一问题，并鼓励幼儿说出自己的答案。

为了引发幼儿思考，赵老师发动幼儿找来各种形状的积木，以及纸板、易拉罐等材料，引导幼儿用这些材料搭出不同角度的斜坡，然后让幼儿在搭好的斜坡上“赛车”，并提醒幼儿注意观察汽车速度与哪些因素有关。

通过多次操作，幼儿发现汽车的运行速度不仅与路面的倾斜度有关，还与路面所用材料的光滑度有关，初步体会到速度与倾斜度、速度与摩擦力之间的关系。

这一案例生动地说明，让幼儿自己动手找到问题的答案，既能提高其学习的积极性，又能加深其对知识的印象。

（四）评价法

环境评价是幼儿园教育评价的重要组成部分。环境评价的核心是关注环境是否符合幼儿的身心发展规律，是否适用于幼儿当前的学习需要，是否能满足幼儿探索、发现的愿望，在多大程度上支持和促进了幼儿的学习和发展。它贯穿环境创设的整个过程，对教师的行为具有导向作用，可以帮助教师更好地完善和优化环境创设。

教师自身对环境的评价是最根本的和最主要的，也是提高环境育人价值的关键所在。这就需要教师在活动中评价，在评价中反思和改进，不断提高环境的适宜性，使环境在提升教育质量的过程中发挥更加重要的作用。

课堂讨论

请探讨并分析下述几位老师关于幼儿园环境创设的看法。

【李老师】幼儿园环境创设的价值不止在于环境本身，更在于隐藏在幼儿园环境背后的教育者的教育理念和哲学思考。

【王老师】幼儿园环境的主体是幼儿，幼儿园环境创设要以幼儿的发展为目标；幼儿园环境的属性是教育，幼儿园环境创设要为教育理念做支撑；主导幼儿园环境的是园长和教师，园长和教师要对环境做设计。

【张老师】幼儿园环境创设是一项复杂的工程，只有教师树立起正确的儿童观、教育观，给孩子以父母般的爱和关心，深入了解幼儿的内心世界，了解他们的愿望、要求、兴趣、爱好，形成尊重、信任、友爱、和谐的气氛，才能创设良好的物质环境和精神环境，更好地发挥环境的教育功能。

幼儿园环境创设的多维视角

探索二 学会开发和利用幼儿园环境教育资源

《幼儿园教育指导纲要（试行）》指出：“幼儿园应与家庭、社区密切合作，与小学相互衔接，综合利用各种教育资源，共同为幼儿的发展创造良好的条件。”《幼儿园工作规程》指出：“幼儿园应当充分利用家庭和社区的有利条件，丰富和拓展幼儿园的教育资源。”

一 幼儿园环境教育资源开发和利用的意义

现代学前教育正向多元化、开放化发展，将家庭资源和各种社会资源作为幼儿园教育资源的有益补充，对于幼儿的成长和发展意义重大。

幼儿园主动与家庭和社会架起共育桥梁，开发和利用家庭、社会中有价值的教育资源，将各种有利资源整合到幼儿园的课程之中，有利于实现优势互补，形成教育合力，让幼儿在生活中学、在社会中学，从而获得更好的发展。

此外，跨越保护幼儿的“围墙”，带幼儿走出幼儿园，让其参加各种参观活动和研学活动，能够让他们学会关注周围的世界，拥有更加丰富多彩的童年。

图1-8所示为幼儿在参观自然博物馆，图1-9所示为幼儿在参观交警大队。

图1-8 幼儿在参观自然博物馆

图1-9 幼儿在参观交警大队

家庭和社区拥有丰富的教育资源，幼儿园教育工作者应学会开发和利用家庭、社区资源，为幼儿创造良好的教育环境，形成以幼儿园为主体，以家庭为基础，以社区为依托的幼儿教育新格局，促进幼儿身心全面健康发展。

二 幼儿园对家庭资源的开发与利用

幼儿教育是一件复杂的事情，它既不是家庭一方可以单独胜任的，也不是幼儿园一方可以单独胜任的，必须双方配合，方能取得更好的成效。教师在进行幼儿园环境创设时，应注意对家庭资源的开发和利用，和家长合作，加强家园共育，共同为幼儿创设良好的教育环境。对家庭资源进行开发和利用时，教师应重点关注物质资源和家长资源。

（一）物质资源

环境创设所需的材料数量多、种类杂，除了通过采买获取外，教师还应学会充分利用幼儿家中的物质资源。物质资源主要指家长能协助幼儿收集的各种材料，如家中的废旧物品、图书和音像资料等。

例如，新生入学时，教师可以邀请家长提供全家福，用其布置照片墙，以增强幼儿在园的安全感；在“有趣的豆子”主题活动中，教师可以邀请家长配合提供红豆、绿豆、黑豆、黄豆等材料；在开展环保类主题活动时，教师可以邀请家长带领幼儿寻找家中可利用的废旧物品，如旧纸箱、旧衣服、废弃瓶罐等，并变废为宝，如图1-10所示。

图1-10 变废为宝

（二）家长资源

幼儿家长的职业、经历、爱好、特长等都不尽相同，是幼儿园有效教育资源的重要补充之一。教师可以结合幼儿园教育活动的需求和家长的实际情况，让家长以不同的形式参与幼儿园的教育活动。例如，教师可以邀请家长到幼儿园担任临时教师，向幼儿教授一些关于自己所在职业领域的知识；还可以事先与家长联系好，带领幼儿去家长所在的工作场所参观学习。

经典案例

为了对幼儿进行更好的健康教育，王老师特意请来了一位当医生的家长参与班级的健康教育活动。看到真正的医生来给自己上课，幼儿都觉得新鲜有趣，积极主动地参与到了活动之中。

该家长用生动且通俗的语言讲解健康知识，为幼儿解惑。在欢快的气氛中，幼儿既了解了常用的卫生保健知识，又对医生这一职业有了初步的认识，该家长也高兴地表示自己好像回到了童年时代，和孩子们在一起让他感到轻松、快乐。

三 幼儿园对社区资源的开发与利用

幼儿园附近的社区通常有各种具有重要教育价值的资源，如自然资源、文化资源，以及各类机构和企业等。教师应充分开发和利用这些资源，为幼儿园教育活动的开展创造良好的条件。

（一）自然资源

大自然是幼儿开展自然探究活动的活教材，是幼儿学习的最佳场所。社区有丰富的自然资源，如土地资源、动植物资源等。教师可以通过走访调查、网络搜索等方式了解社区的自然资源情况，在进行环境创设时充分利用这些自然资源，帮助幼儿与大自然建立紧密的联系，引导他们亲自去看、去听、去触摸，在探究中丰富对世界的体验和认知。

幼儿园教师如何获取社区资源

例如，当秋天到来时，教师可以带领幼儿到户外收集各种各样的树叶，并引导幼儿发挥想象力和创造力，利用树叶进行环境创设，如图1-11所示。又如，幼儿园可以组织幼儿参与环保活动，带领幼儿去公园捡垃圾，让幼儿树立环保意识，学会爱护自然。

图1-11　利用树叶创设的主题墙和手工作品

（二）文化资源

每个社区都有丰富的文化资源，这些文化资源大到历史文化、传统技艺，小到人文景观、社区文化，都是宝贵的教育资源。教师可以通过查阅地方志，走访地方文化中心，询问园长或资深教师等方式，了解社区的人文环境，掌握社区文化资源的相关信息，进而对其进行创造性的开发与利用，让幼儿接受当地文化的熏陶，感受当地文化的魅力。

例如，教师可以组织幼儿到本地的文化中心、名胜古迹等地参观学习，让幼儿了解家乡文化；可以在重阳节组织幼儿到社区慰问老人，教育幼儿敬老爱老，传承传统美德；可以带领幼儿参观本地的红色教育基地，接受红色教育；可以邀请本地的非遗传承人到幼儿园授课，带领幼儿认识并体验传统技艺，让幼儿感受中华优秀传统文化的魅力。

图1-12所示为某幼儿园以皮影戏为主题的环境创设。

图1-12　某幼儿园以皮影戏为主题的环境创设

（三）各类机构和企业

在幼儿园所在的社区中，通常有各类机构和企业。与这些群体开展密切合作，将有助于幼儿园教育质量的提升。

教师可以先通过园长、家长或自己的人际关系开展走访调查，或者上网搜索相关资料，以便获取本社区中各类机构和企业的相关信息；然后主动与这些群体建立联系，争取得到他们的配合，与他们共同组织各种活动，让幼儿在社区这个小社会中自由探索，获得丰富的社会知识。

例如，教师可以组织幼儿参观附近的小学，使幼儿了解小学生的学习与生活，从而做好进入小学的准备；可以邀请社区中不同职业领域的劳动模范参与幼儿园的教育活动，让幼儿聆听他们的事迹，在近距离的沟通和交流中了解各类职业的魅力，同时树立劳动光荣的理念，培养热爱劳动、尊重劳动的美好品质。

环创微课堂

环创是为了让儿童的学习发生

在幼儿园，环境创设是一项非常重要的工作，教师为此倾注了大量时间、花费了很多精力。然而，许多幼儿教师并不知道为什么要开展环境创设，环境创设的目的是什么，而是把环境创设的手段（如美化、儿童化、教育化等）当成目标。因而，就出现了过分追求环境的装饰性效果、为呈现儿童视角而制作大量儿童活动海报、片面追求自制材料等问题，这种做法既浪费时间又浪费精力。

作为专业的幼教工作者，幼儿教师要从环境创设的顶层视角来看待“为什么做”这一问题，进而才能真正明白“怎么做”。《幼儿园教育指导纲要（试行）》中明确提出：“环境是重要的教育资源，应通过环境的创设和利用，有效地促进幼儿的发展。”环境创设的目的，应是让儿童的学习发生。只有这样，环境才能真正成为重要的教育资源。

以主题背景下的班级环境为例，能够让儿童的学习发生的环境，应该能有效激发幼儿的学习动机和探索欲望，使幼儿在与环境的互动中获得各种能力的发展。

创设蕴含丰富主题信息的环境，可以不断刺激幼儿的各种感官，拓宽幼儿的眼界，丰富幼儿的经验，启迪幼儿的思维，调动幼儿参与活动的积极性。例如，在“纸”这一主题活动中，教师将班级环境创设成一个“纸”的世界，不仅在材料区域提供了不同种类的纸，还结合中华优秀传统文化，特别创设了“纸艺”环境，如放置了衍纸（又称“卷纸艺术”，是一门以专用的工具将细长纸条卷成各种造型，再搭配组成图案的纸艺）、纸雕、染纸等各种纸艺作品。在主题活动开展的这一段时间里，幼儿可以随时与主题产生互动。承载丰富信息的环境就像一只隐形的手，指引、推动幼儿参与到与主题相关的活动中，不断激发幼儿关注主题、产生问题、持续探究，从而启发幼儿深度学习。

班级的环境是有限的，不是所有内容都值得展示。教师需要选择那些有价值的内容，让班级环境成为传达幼儿想法与观点的平台，让其成为幼儿相互交流、共同探讨的窗口，进而成为幼儿学习的资源。以“虫虫”这一主题为例，教师选择“蜗牛最爱吃什么”这一内容，展示了幼儿进行猜测、实验的过程及得出的结论；选择“要不要给蔬菜除虫”这一内容，呈现了代表幼儿不同观点的作品。这些内容，体现和展示了幼儿独特的探究、不同的观点和想法，以及获得的新经验等，能引发幼儿的模仿学习与深度交流，是有价值的。

基于让儿童的学习发生这一目的，环境创设也要为幼儿主动学习创造机会。例如，大班幼儿在散步时发现了一个鸟窝，于是在树旁设置了一个标识牌广而告之，教师随即找来两个望远镜挂在树的下方，供幼儿使用，由此引发幼儿更多的观察和探究活动。同时，教师还要明白，环境创设不是教师单方面的行为，幼儿共同参与环境创设的过程，也是他们获得学习与发展的过程。

（资料来源：闵艳莉，《环创是为了让儿童的学习发生》，《中国教育报》，2023年2月5日）

一、单项选择题

1．与外界环境相比，幼儿园环境具有可控性，这意味着幼儿园的环境构成处于（　　）的控制之下。

A．教育者　　B．家长　　C．园长　　D．社会

2．幼儿园环境创设的首要原则是（　　）。

A．经济性原则　　B．安全性原则　　C．教育性原则　　D．美观性原则

3．在布置班级阅读区时，王老师引导幼儿自由讨论布置方案并按照讨论结果进行布置。这体现了环境创设的（　　）。

A．开放性原则　　B．参与性原则　　C．经济性原则　　D．安全性原则

4．创设幼儿园物质环境时，小班环境应具有色彩鲜艳、富有感官刺激等特点；中班环境应在小班环境的基础上突出操作性；大班环境要突出探索性和实验材料的丰富性。这主要体现了幼儿园物质环境创设的（　　）。

A．经济性原则　　B．参与性原则　　C．开放性原则　　D．发展适宜性原则

二、简答题

1．简述幼儿园环境创设的原则和方法。

2．简述开发和利用幼儿园环境教育资源的途径和方法。

“码”上看解析

三、材料分析题

材料：春天来了，红星幼儿园的老师们都忙着为班级布置春天主题墙饰。张老师设计了一个精美的春天墙饰，把班级装饰得十分漂亮。李老师只在墙上

画了株大树的树干，她希望幼儿能随时将看到的春天元素以剪纸、绘画等方式反映到墙面上。

请评价上述材料中两位老师关于环境创设的做法。

采访活动——幼儿园环境创设之我见

环境是幼儿耳濡目染的教育介质，也是促进幼儿学习与发展的载体。如今，环境创设受到越来越多幼儿教师的关注和重视。那么，到底该如何打造这本“无声教科书”，才能让幼儿收获快乐和成长呢？

请学生以小组为单位开展一次采访活动，了解一线教师对幼儿园环境创设的认识，并以PPT的形式总结梳理幼儿园环境创设的误区，以及幼儿园环境创设工作的核心和要点。

【活动步骤】

（1）全班同学分成若干小组，每组3～5人，各组选出1名组长。

（2）与附近幼儿园的园长或教师取得联系，商讨采访事宜，确定2～3名访谈对象。

（3）各组成员合理分工，制订详细的采访提纲，并准备好采访用的设备。注意：采访提纲应围绕采访主题展开。

（4）拍摄访谈对象的工作日常，以及幼儿园的环境创设；根据采访提纲与访谈对象交流、探讨，将采访过程拍摄下来，并做好访谈记录。

（5）整理访谈记录，并制作PPT。

【活动交流】

（1）各组派代表在班级中汇报此次采访活动。

（2）各组自由讨论，交流心得感悟。

（3）每个成员总结此次采访活动。要求：① 总结收获及经验教训；② 写出自己未来在幼儿教师的工作岗位上开展幼儿园环境创设工作的思路。

____

____

____

____

____

【综合评价】

请学生本人、小组成员、指导教师针对学生在本模块的实际学习成果进行评价，完成表1-1所示的学习成果评价表。

表1-1 学习成果评价表

<table>
<tr><td>班级</td><td></td><td>组号</td><td></td><td>日期</td><td colspan="3"></td></tr>
<tr><td>姓名</td><td></td><td>学号</td><td></td><td>指导教师</td><td colspan="3"></td></tr>
<tr><td>项目</td><td colspan="3">评价内容</td><td>分值</td><td>自评</td><td>互评</td><td>师评</td></tr>
<tr><td rowspan="3">理论知识（30%）</td><td colspan="3">能简要阐述幼儿园环境创设的意义</td><td>5</td><td></td><td></td><td></td></tr>
<tr><td colspan="3">能结合实例详细阐述幼儿园环境创设的原则和方法</td><td>15</td><td></td><td></td><td></td></tr>
<tr><td colspan="3">知道如何开发和利用家庭资源和社会资源开展幼儿园教育工作</td><td>10</td><td></td><td></td><td></td></tr>
<tr><td rowspan="4">活动实施（40%）</td><td colspan="3">积极参与课堂内外交流，认真做好实践活动准备</td><td>10</td><td></td><td></td><td></td></tr>
<tr><td colspan="3">勤于实践，勇于创新，在活动中表现积极，能充分发挥个人作用</td><td>10</td><td></td><td></td><td></td></tr>
<tr><td colspan="3">访谈提纲结构合理，问题设置得当，访谈过程顺利</td><td>10</td><td></td><td></td><td></td></tr>
<tr><td colspan="3">PPT结构合理，逻辑清晰，重点突出，图文并茂；汇报时表达流畅，且能吸引听众兴趣</td><td>10</td><td></td><td></td><td></td></tr>
<tr><td rowspan="3">综合素养（30%）</td><td colspan="3">具备自主学习意识和独立思考能力，能够利用课余时间主动复习功课，并针对有疑惑的地方主动到图书馆查阅资料或与同学和教师进行深入探讨</td><td>10</td><td></td><td></td><td></td></tr>
<tr><td colspan="3">具备良好的团队合作精神，能够在课堂活动和实践活动中与他人相互协助、合作学习</td><td>10</td><td></td><td></td><td></td></tr>
<tr><td colspan="3">具有一定的创新意识，遇到问题时能够积极思考并发散思维，尝试从不同角度思考问题，为团队提供解决问题的新思路和新方法</td><td>10</td><td></td><td></td><td></td></tr>
<tr><td>总评</td><td colspan="4">自评（20%）+互评（30%）+师评（50%）=</td><td></td><td></td><td></td></tr>
<tr><td>自我评价</td><td colspan="7"></td></tr>
<tr><td>教师评价</td><td colspan="7"></td></tr>
</table>

模块二

域见自然，放飞童心——幼儿园室外环境创设

模块导读

作为幼儿园环境的重要组成部分，幼儿园室外环境不仅是幼儿活动的天地，还是幼儿园文化和育人理念的一种外显形式。因此，教师要合理安排幼儿园室外环境的布局，精心创设各类活动区，以激发幼儿参与户外活动的兴趣，引导幼儿自主探索周围的世界，让幼儿在与环境的互动中不断获得有益于成长的各种经验。

知识目标

- 了解幼儿园室外环境的构成要素。
- 熟知幼儿园室外环境的创设要点。
- 明确幼儿园室外环境的规划设计要求。
- 掌握运动区、玩沙戏水区、种植饲养区的创设方法。

能力目标

- 能够根据幼儿园的实际情况，创设室外的活动区域。

素质目标

- 乐于广泛吸收先进的教育理念，并将其运用到幼儿园室外环境的创设中。

“鸟语花香”幼儿园

进入幼儿园，首先映入眼帘的是一个大型玩具组合——喜鹊玩具（见图2-1）。喜鹊在中国传统文化中是吉祥的象征，寓意着好运与福气。喜鹊玩具造型生动，巧妙地将形式各样的滑梯合为一体。喜鹊玩具以其独特的设计理念和生动的造型，成为园所的地标性建筑。

在幼儿园环廊下方，有一个“霍比特小屋”（见图2-2)。“霍比特小屋”承载着幼儿的童年乐趣，让幼儿园多了一抹魔幻色彩。“霍比特小屋”仿佛是童话中的魔法屋，幼儿可以在这里进行各种冒险，探索未知的世界。

图2-1　喜鹊玩具

图2-2　“霍比特小屋”

环廊下方有一片多功能游乐设施场地，如图2-3所示。幼儿可以在这里攀爬、跨栏、走平衡木等，这样既能增加户外活动的趣味性，又能满足他们多样的运动需求。

幼儿园主建筑的大厅门前有一个地书景观，如图2-4所示。地书景观以水为墨，以地为书，传承了中华书法文化的精粹。它与自然景观融为一体，让幼儿能近距离接触中华优秀传统文化，给幼儿带来了前所未有的书法学习方式。

幼儿园还在室外的自然区角（见图2-5）设置了“昆虫旅馆”和动物养殖区，为幼儿提供了亲近自然的机会。在这里，幼儿可以通过观察昆虫和小动物，更好地了解昆虫和小动物的生活习性。此外，“昆虫旅馆”可以作为科学实验的场所，既丰富了幼儿的活动形式，又增加了自然区角的乐趣。

幼儿园还设置了一个天然水系玩耍区。在这里，石头、流水和花草树木相得益彰，让整个幼儿园充满生机，如图2-6所示。

图2-3　多功能游乐设施

图2-4　地书景观

图2-5　自然区角

图2-6　天然水系玩耍区

思考与探究：

(1) 你认为幼儿园的室外环境应包括哪些部分？

(2) 怎样设计幼儿园室外环境才能让幼儿喜爱，并激发他们开展相应活动的兴趣？

探索一 明确幼儿园室外环境的构成和创设要点

幼儿园室外环境是保障幼儿户外活动质量的基本物质条件，也是幼儿园教育的重要资源。良好的室外环境可以为幼儿提供丰富的学习和发展机会，助力幼儿全面成长。

一 幼儿园室外环境的构成

幼儿园室外环境是指在幼儿园范围内、主体建筑以外的空间环境，主要由园门、宣传栏、绿化景观、活动区域等部分构成。

（一）园门

园门是幼儿园的主要出入口，是保障幼儿园师生安全的第一道屏障。园门通常和围墙、楼体、幼儿园招牌等作为一个整体来设计，以彰显幼儿园的办园理念和教育特色。园门是幼儿园对外形象的代表，是家长和幼儿对幼儿园产生第一印象的区域。

幼儿园园门设计赏析

园门的风格和形式多种多样，其色彩和造型应充满童趣，能让幼儿感到温馨和亲切，如图2-7所示。

图2-7 幼儿园的园门

（二）宣传栏

幼儿园宣传栏是幼儿园向家长展示园所信息、进行自我宣传的重要渠道，可分为园外宣传栏和园内宣传栏。园外宣传栏通常设置在幼儿园的外围墙上，园内宣传栏通常设置在园门附近。幼儿园宣传栏中可以展示幼儿园的教育理念、园所一日生活安排及重要活动、卫生保健常识及安全知识等内容，以便使家长了解幼儿园的教育理念和近期动态，从而达到家园共育的目的。宣传栏的内容需要定期更新，具有时效性和实用性。

幼儿园园内宣传栏设计赏析

图2-8所示为某幼儿园的园外宣传栏。这个宣传栏展示了幼儿园近期安全教育和健康教育的内容，并体现了幼儿园“微笑、文明、自然、唯一”的办园理念。图2-9所示为某幼儿园的园内宣传栏。这个宣传栏展示了园务通知、幼儿一日时间表等信息。

图2-8　某幼儿园的园外宣传栏

图2-9　某幼儿园的园内宣传栏

（三）绿化景观

幼儿园的绿化景观包括植物绿化和景观小品，是幼儿园室外环境不可或缺的一部分。

植物绿化主要包括草坪、花坛和各种花草树木，可以为幼儿提供亲近自然、观察自然、探索自然的物质条件，如图2-10所示；景观小品则具有一定的文化内涵，能够凸显地域文化或幼儿园文化，让幼儿在感受浓郁文化氛围的同时，培养审美情趣，如图2-11所示。

图2-10　草坪和树木

图2-11　景观小品

小贴士

《幼儿园建设标准》（建标175—2016）明确规定：“绿地中严禁种植有毒、带刺、有飞絮、病虫害多、有刺激性的植物。”因此，幼儿园中的植物必须有益于幼儿的身心健康安全，不能选种可能导致幼儿过敏、中毒或受伤的植物。

（四）活动区域

幼儿园一般会在室外设置丰富多样的活动区域作为室内活动区的补充和延伸，如运动区、玩沙区（见图2-12）、戏水区（见图2-13）、种植区、饲养区等。室外活动区域为幼儿提供了丰富的学习和发展机会，能让幼儿在体验丰富多彩的户外活动的同时，促进身心健康和各方面的发展。

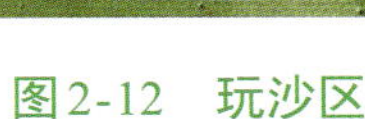

图2-12 玩沙区

图2-13 戏水区

二 幼儿园室外环境的创设要点

教师在进行室外环境创设时，应充分利用园内的绿植、草坪、地形等自然环境，为幼儿打造贴近自然、变化多样的活动场地。

（一）充分利用绿植

通常，幼儿园内的绿植兼具观赏价值和教育意义。幼儿园内常见的绿植包括乔木、灌木、草本、藤本四个大类。

乔木植物树体高大、冠幅饱满，不但能在夏日为幼儿遮阳，还具有改善空气质量的作用。教师可以围绕乔木植物进行一系列环境创设，如装饰树干、搭建树屋、设置树下阅读区等，为幼儿打造童话般的树下活动空间，如图2-14至图2-18所示。

图2-14　树干上的七星瓢虫

图2-15　树下的精灵小屋

图2-16　树干拟人化装饰

图2-17　树屋

图2-18　树下阅读区

灌木植物是指没有明显主干、呈丛生状态且较为矮小的木本植物，一般可以分为观花、观果、观叶等类型。教师可以借助废旧材料，如轮胎、花盆、铁盒、花篮等，将观赏性强的灌木打造成有趣、美观的景观小品，如图2-19所示；也可以在灌木低矮的树枝上创作微景观，如图2-20所示。

草本植物茎干软弱、矮小，寿命较短。很多观赏类草本植物，如蕨类植物、竹类植物等，具有独特的形态和纹理，适合用来增加室外环境的立体感和层次感；一些多年生草本植物，如美人蕉、百合、迎春花、碧桃等，色彩艳丽，能够为幼儿园户外环境带来美丽的风景，如图2-21所示。

图2-19 将灌木打造成景观小品

图2-20 利用灌木创作微景观

图2-21 幼儿园美丽的草本植物

藤本植物是指茎干细长，自身不能直立生长，必须依附他物而向上攀缘的植物，如紫藤、地锦（俗称“爬山虎”）等。教师可以将藤本植物栽植于假山旁、墙根等位置，充分利用其可以攀缘的特性，让其自然附着垂直或覆盖生长，从而拓展幼儿园立体绿化空间，美化幼儿园环境，如图2-22所示。

图2-22　幼儿园墙上的炮仗花和木香花

（二）合理利用草坪

草坪是幼儿园最主要的绿化用地，大片的草坪既可以绿化环境，又可以作为优良的软质活动场地供幼儿玩耍或进行体育活动。教师应合理利用草坪，为幼儿创设富有野趣的活动场地。例如，教师可以在草坪上投放绳索、滚筒、轮胎等可移动、可组合的游戏材料，供幼儿自主游戏，如图2-23所示。

图2-23　在草坪上投放游戏材料

小贴士

《城市幼儿园建筑面积定额（试行）》中明确规定，绿化用地每生不小于2平方米。《托儿所、幼儿园建筑设计规范》亦明确规定，幼儿园场地内绿地率不应小于30%，宜设置集中绿化用地。

（三）巧妙利用地形

在进行室外环境创设时，教师可结合本园的地形情况，设置微地形活动场地。微地形能够增加户外活动的趣味性，激发幼儿自由探索各类游戏的兴趣，培养幼儿的想象力和创造力。例如，教师可以创造出适合幼儿行走、攀爬的小土坡，设置可钻爬的洞穴；还可以在户外场地放置一些石头、树桩等，供幼儿攀爬、跳跃或休息。图2-24所示为幼儿园微地形活动场地。

图2-24 幼儿园微地形活动场地

探索二 创设幼儿园室外环境

一 幼儿园室外环境的规划和设计

幼儿园室外环境的规划和设计是幼儿园环境创设中的重要内容。科学、合理的空间规划是室外环境创设的前提，也是户外活动顺利开展的基础。

幼儿园在规划建设时，通常会对室外环境进行整体设计，但幼儿园初期创设的室外环境（主要指室外的活动区域）不一定能满足教学的需要和幼儿的需求。因此，幼儿园应根据园本课程的需求和幼儿的实际需要，对室外环境进行二次规划和设计，以便进一步完善活动区域的布局，优化室外环境。

在二次规划和设计幼儿园的室外环境时，教师应考虑以下几点。

（一）因地制宜，扬长避短

由于每所幼儿园室外空间的实际情况（如室外的空地面积、教学楼的位置等）千差万别，教师在规划和设计室外活动区域环境时，不能生搬硬套，而应结合教学需要，综合分析本园室外空间的实际情况，聚焦环境优势，最大限度地规划和利用好园区场地，做到扬长避短。

例如，甲幼儿园的室外场地是一个长方形区域，教师在规划室外活动区域时，可以不受区域分布的限制，较为自由地设计每个区域的环境，将西侧规划为玩沙区、玩水区和游乐器材区，东侧规划为体育活动区、种植区和养殖区，如图2-25所示。

又如，乙幼儿园的室外场地围绕教学楼，呈一个环形。由于空间面积受限，各活动区域只能分散在园所四周。教师根据室外场地的实际情况进行了合理规划：教学楼西侧区域较狭小，教师设置了户外小厨房和玩具房等对空间要求较小的活动区；东侧区域较开阔，教师设置了可以让幼儿进行体育锻炼、休闲玩乐的综合活动区域；南侧区域靠近大门且光照条件好，教师设置了做早操和户外集中教学的区域；北侧区域保留了天然的地面且光照充足，于是教师在西北侧开辟了一片种植园，在正北侧则设计了玩沙区和戏水区，如图2-26所示。

图2-25　甲幼儿园户外环境平面图

图2-26　乙幼儿园户外环境平面图

（二）衔接合理，动线自然

在规划和设计室外活动区域时，教师不但需要考虑区域的数量和面积，而且需要关注不同区域之间的衔接和联系。例如，幼儿的玩沙游戏离不开水，因此玩沙区可以和戏水区设置在一起；种植区的作物可以用于喂养小动物，而饲养区内小动物产生的粪便可以作为种植区的肥料，因此种植区和饲养区可以设置在一起；等等。

此外，各个活动区域之间的分隔空间也是环境创设的内容。教师可以将这些空间设计成跑道或独特的小路，这样做既能增加户外活动的趣味性，又能利用跑道或小路将各区域进行有效的衔接。例如，在图2-26所示的幼儿园平面图中，在体育活动区域周围设计了一条跑道，完美地将体育活动区和其他区域衔接了起来。又如，在图2-27所示的某幼儿园平面图中，左侧的野战区、风雨操场、积木区和右侧的足球场、沙水区、野炊区之间用一条彩色跑道隔开，既衔接了各个活动区域，又为幼儿提供了跑步的场所。

图2-27　某幼儿园平面图

（三）位置明确，便于管理

每一个室外活动区域都应有明确的位置。明确的区域位置不仅有利于幼儿识别活动区域的范围，有序开展户外活动，还便于教师对室外活动区域进行维护和管理。一般来说，教师可以通过设置标识牌，帮助幼儿识别不同的活动区域。例如，在图2-28所示的户外区域，教师设置了“涂鸦墙”“扎染区”“泥塑区”等标识牌，可以让幼儿明确在这些活动区可以开展哪些美工活动。

图2-28　幼儿园内的户外涂鸦区域标识牌

课堂讨论

比较图2-29的5个幼儿园内的户外区域标识牌，试着从幼儿的视角分析这些标识牌的特点，选出你认为幼儿最喜欢的标识牌，并说出理由。

图2-29　幼儿园内的户外区域标识牌

二　幼儿园室外活动区域的创设

《幼儿园工作规程》规定，“在正常情况下，幼儿户外活动时间（包括户外体育活动时间）每天不得少于2小时”，“幼儿园应当有与其规模相适应的户外活动场地，配备必要的游戏和体育活动设施，创造条件开辟沙地、水池、种植园地等，并根据幼儿活动的需要绿化、美化园地”。因此，幼儿园应该认真而科学地规划室外活动场地，使其更好地为幼儿的健康成长服务。

幼儿园室外活动区域的创设

幼儿园的室外活动场地可根据需要分为若干区域。常见的幼儿园室外活动区域有运动区、玩沙戏水区和种植饲养区等。

（一）运动区的创设

户外活动对幼儿来说非常重要，幼儿在户外运动中不仅能锻炼身体、增强免疫力，还能学习人际交往技能，并养成坚强、勇敢、不怕困难的意志品质。《3～6岁儿童学习与发展指南》指出，幼儿园应“开展丰富多样、适合幼儿年龄特点的各种身体活动”“发展幼儿动作的协调性和灵活性”。《幼儿园教育指导纲要（试行）》指出，“开展丰富多彩的户外游戏和体育活动，培养幼儿参加体育活动的兴趣和习惯，增强体质，提高对环境的适应能力”。

幼儿园的运动区是幼儿开展户外活动的主要区域，通常设置在空间开阔的地带，以满足幼儿奔跑、攀登、钻爬、跳跃、投掷、骑行等多样化的运动需求。根据幼儿活动的类型，幼儿园的运动区可分为大型玩具区和体育活动区。

1. 大型玩具区的创设

大型玩具区（见图2-30）又称大型综合器械区，通常设有攀爬架、组合滑梯、蹦床、秋千、绳索桥等固定的大型运动器械，可以满足幼儿多种运动的需要。大型玩具区通常设置在幼儿园园门的一侧，或者园内有树荫的地方。一般来说，大型玩具区是在建园初期确定的，

教师在二次规划和设计时可发挥的余地较小。教师在创设大型玩具区环境时，可以将其与体育活动区的环境创设相结合，适当投放活动材料供幼儿选择。

多功能组合滑梯

综合攀爬架

图2-30 大型玩具区

2. 体育活动区的创设

体育活动区是教师根据幼儿园的课程安排、幼儿的发展需要和兴趣等设置的活动区域，包括钻爬区、投掷区、跨跳区、平衡区、球类区等。

教师在创设体育活动区时，要明确各活动区的活动性质、所需空间的大小及对周围环境的要求，合理安排各活动区的具体位置。例如，投掷区对空间面积的要求较高，并且投掷活动有一定的危险性，因此，教师可将投掷区设置在活动场地的边缘，与其他活动区保持一定的安全距离，并留出较大的投掷空间，以便开展投掷游戏。

教师还要考虑园所的场地条件。如果户外场地有限，那么，教师可以考虑将活动性质相似的区域合并。例如，平衡区和钻爬区对运动空间的要求都不高，并且两种活动有较大的关联，因此教师可以将这两个区域合并，以减少使用空间的面积。

除了安排各活动区的位置外，各活动区的材料投放也是创设的重点。教师应在各活动区为幼儿提供丰富的活动材料，保证每个幼儿都能用到自己想要的活动材料。各活动区常用的投放材料如表2-1所示。

表2-1 体育活动区的投放材料

体育活动区	投放材料	材料图示
钻爬区	钻圈、“山洞”、滚桶、爬网、软垫等	

续表

体育活动区	投放材料	材料图示
投掷区	飞盘、沙包、飞镖玩具、套圈玩具、投篮玩具等	
跨跳区	跨栏、呼啦圈、木板、绳子、轮胎等	
平衡区	独木桥、跷跷板、摇摇马、平衡木、梅花桩、平衡车、滑板车等	
球类区	篮球、足球、羽毛球、乒乓球、保龄球等	

教师在体育活动区投放材料时，应做到以下三点。

（1）提供多层次的材料。由于幼儿的年龄、能力发展水平等有所不同，教师在提供活动材料时，要考虑不同幼儿的使用需求。例如，在投掷区提供投篮活动材料时，篮筐应有高低、大小之分，以满足不同水平、不同身高幼儿的需要；在平衡区提供“搭桥过河”游戏材料时，应投放高低、大小、宽窄不同的积木，使幼儿能够按照自己的喜好与能力水平自主选择适合的积木。按照这种方式投放材料，不仅能为能力弱的幼儿提供体验成功的机会，增强其自信心，还能帮助能力强的幼儿获得挑战自我的机会，维持对活动的兴趣，从而使每个幼儿都能在活动中获得发展。

（2）及时更新材料。教师要按照幼儿的兴趣和需要、季节的变化等随时更新和补充材料，以便幼儿能不断开展新的游戏，并从中发展新的能力。

（3）巧用废旧物品制作材料。生活中许多常见的废旧物品都可以变为幼儿体育活动的材料。例如，教师可以把多个相同的易拉罐绑在一起变成“梅花桩”（见图2-31），用旧床单制作成袋鼠跳的布袋（见图2-32），等等。教师可以鼓励幼儿大胆发挥想象力，和幼儿一起用废旧材料制作出许多有趣的游戏材料，并将它们投放到体育活动区中。

图2-31 “梅花桩”

图2-32 用旧床单制作成袋鼠跳的布袋

（二）玩沙戏水区的创设

喜欢玩沙戏水是幼儿的天性，玩沙戏水的活动不但可以培养幼儿的动作精确性和手眼协调能力，而且可以促进幼儿认知能力的发展，提高幼儿的创造力。玩沙戏水区是幼儿亲近自然、自由探索的户外活动场地，教师应充分利用幼儿园的自然环境资源，创设适宜的玩沙戏水场地，为幼儿提供与沙、水亲密接触的机会。

玩沙区（见图2-33）和戏水区（见图2-34）既可以彼此独立设置，也可以联动结合。一般来说，玩沙区包括湿沙区和干沙区。教师可以将湿沙区设置在靠近水池的位置，并结合水车等设施，让幼儿通过踩踏或推动水车，将水流引到湿沙区；干沙区可以结合攀爬网、滑梯等游乐设施，增加玩沙游戏的趣味性。

图2-33 玩沙区

戏水区既可以单独设置戏水池，也可以在有水源的地方设置栈桥、水车、汲水设施等，以打造丰富多样的戏水环境。应注意的是，为了保证幼儿的安全，戏水池中水的深度不得超过30厘米。

戏水池

水渠栈桥

图2-34　戏水区

为了给幼儿提供一个自由探索、创造和体验沙水的空间，充分发展幼儿多方面的能力，教师在创设玩沙戏水区时应做到以下两点。

（1）投放多层次、差异化的材料。教师投放的材料要满足幼儿玩干沙、湿沙和玩水的需求，因此材料的种类要丰富。容器、管道、过滤工具、挖掘工具、运输工具、玩水工具等各种辅助玩具都是开展玩沙戏水活动的重要材料，这些材料可以激发幼儿的游戏热情，培养幼儿的创造力和问题解决能力，如表2-2所示。此外，在玩沙戏水活动中，不同年龄段的幼儿所需的材料大小和材质也是不同的，教师应结合幼儿的年龄特点投放材料。例如，小班的幼儿由于动作发展较慢，喜欢选择小型的工具；中大班的幼儿则喜欢选择一些大型的工具来满足他们大动作的发展需求。

表2-2　玩沙戏水区的材料

类型	材料
容器	瓶子、罐子、小桶、小盆、量杯等
管道	PVC管、水管、支撑架等

续表

类型	材料
过滤工具	漏斗、滤网等
挖掘工具	沙铲、沙耙等
运输工具	小推车、小桶、小盆等
玩水工具	喷水壶、水枪、水瓢等
模型	食物模型、动植物模型、交通工具模型等
其他	台秤、量匙、木板、交通标志、塑料玩具、磁性鱼、树枝、贝壳等

（2）及时更新材料。教师应该根据活动主题、幼儿喜好、天气和季节等因素，及时更新材料，以保持幼儿的活动兴趣。

（三）种植饲养区的创设

现代教育家陈鹤琴指出，幼儿园需要布置一个科学的环境，尽可能地引导幼儿栽培植物，布置园庭，从事浇水、除草、收获种子等工作，并饲养动物。种植和饲养是幼儿园教学活动的重要组成部分，具有重要的教育价值。因此，创设种植饲养区是幼儿园环境创设的重要一环。

1．种植区的创设

种植区中的活动是幼儿园食育课程的延伸，是课程设计与实施的一部分。种植区可以让幼儿近距离接触大自然，通过观察、实践和探索，认识植物的生长变化，了解生态环境及自然规律。这种亲身体验能够激发幼儿对自然的兴趣，提高幼儿对自然界的认知和热爱，培养幼儿的探索精神和解决问题的能力，提高幼儿的综合素质。

种植区的位置和大小没有硬性要求，但考虑到光照问题，最好安排在朝南等向阳的位置。创设种植区时，教师既可以开辟一块空地专门用于种植（如开辟集中的小农场），也可以利用围墙、栏杆、长廊等设置垂直种植区域，还可以在小花园、草坪、屋顶、户外一角等地打造一个生态植物角，以此创造多层次的种植区域，如图2-35所示。

在种植区中，教师还可以和幼儿一起制作一些指示牌、知识展板等，如图2-36所示。指示牌能帮助幼儿认识不同的种植区，知识展板则可以让幼儿了解不同作物的种植条件和生长过程，以及植物的根、茎、叶、花、果等基础知识，培养幼儿珍惜粮食的优良品质。同时，这些丰富多彩的环创作品，不仅能让幼儿享受到种植的乐趣，还能丰富幼儿的生活经验。

单独开辟的种植区

利用栏杆设置的垂直种植区

在室外角落打造的生态植物角

图2-35　多层次的种植区

图2-36　种植区班牌

例如，为了更好地让幼儿全面了解种植的作物，某幼儿园教师组织幼儿一起参与了春种活动，并引导幼儿观察和记录播种的过程及作物生长的过程。最后，教师和幼儿一起制作了知识展板，如介绍作物播种过程的展板、记录作物生长过程的展板、介绍果实食用方法的展板等，如图2-37所示。通过实践与环创，幼儿加深了对种植活动的了解。

介绍作物播种过程的展板

记录作物生长过程的展板

介绍果实食用方法的展板

图2-37　种植相关的知识展板

教师还可以和幼儿一起利用花盆、木架、轮胎、PVC管、塑料瓶、玻璃器皿、铁盒等丰富多样的材料创设植物角的环境，如图2-38所示。这种具有创造性的植物角，可以充分发挥幼儿的想象力和动手能力，使幼儿在动手操作的过程中了解各种植物的生长条件、变化过程和生长规律，并为幼儿园的室外环境增添一抹亮丽的色彩。

用花盆、玻璃器皿等种植

用塑料瓶种植

用轮胎制作的花盆

图2-38　自主开辟的植物角的环境创设

2. 饲养区的创设

饲养活动是一个综合性活动，这种活动除了能帮助幼儿了解动物的外形特征、生活习性外，还能丰富幼儿关于动物与植物的关系、人与动物的关系等方面的认知，增进幼儿的责任意识、合作意识，提高幼儿对生命的敬畏和尊重。

幼儿园开展饲养活动，离不开饲养区的创设。幼儿园的饲养区主要包括室外饲养区和室内饲养区两个区域。其中，室外饲养区适合饲养小鸡、小鸭、小兔子、鹦鹉、鸽子等动物，室内饲养区适合喂养乌龟、金鱼、小蝌蚪、仓鼠、蚕等动物。应注意的是，教师应选择无毒无害、性格温和、无主动攻击性、易于喂养且幼儿感兴趣的小动物让幼儿饲养。

饲养区应选择通风良好、光照适宜的地段。教师可以在饲养区内放置一些笼子，也可以和幼儿一起制作小动物的窝舍放置其中，如图2-39所示；还可以和幼儿一起制作饲养注意事项、养殖知识等主题的展板或海报，从而加深幼儿对养殖知识的理解，如图2-40所示。

图2-39　鸡舍

图2-40　小兔子养殖知识

经典案例

“动物之家”设计方案

“动物之家”既是小动物们的乐园，也是幼儿开展饲养活动的地方。它紧邻立体种植的植物家园，如图2-41所示。虽然“动物之家”的总面积不到5平方米，但“麻雀虽小，五脏俱全”，这里既有会飞的鹦鹉，也有擅长游泳的小鸭子；既有毛茸茸的小兔子，也有可爱的小鸡……多样化的动物种类，为幼儿提供了丰富的生物观察样本。

图2-41　“动物之家”的全貌与局部

“动物之家”的小动物们都有各自独立的饲养笼（见图2-42），它们的生活空间互不重叠。为了方便幼儿近距离观察小动物们的体态特征、生活习性，它们的居所沿着幼儿园的户外小路呈一字形分布。这种狭长的布局，既能提高户外空间的利用率，又能增加在同时间段内参与饲养活动的人数。

除了“动物之家”，栅栏外也是小动物们潜在的活动空间。这里有两条清浅的小溪流，如图2-43所示。小溪流上设有水车；小溪流内养着小鱼，这些小鱼既是勤勤恳恳的水质检测员，也是幼儿的好朋友。天气晴朗的时候，教师可以带着小朋友们在溪流边捕鱼，感受闲适、安逸的渔猎生活。溪流两侧是自然生长的草坪，栅栏里的鸡舍中养着小鸡。一些调皮的小鸡常常跳出鸡舍，在茵茵绿草上漫步，同时寻觅着躲藏起来的小虫子。

图2-42　独立的饲养笼

图2-43　栅栏外的“小溪流”

由于“动物之家”在户外转角处，通风条件良好，动物饲养过程中产生的各种异味能够及时散开，保证了周围空气的清新。幼儿园还安排了专人负责饲养和清洁工作，进一步保证了“动物之家”的干净、整洁。

（资料来源：佚名，《动物饲养角：给小精灵一片天地，让幼儿园活力无限！》，大正幼儿园设计，2023年12月6日）

环创微课堂

开放多元的幼儿园户外游戏场

环境是幼儿园课程的根基。近年来，一些幼儿园在创设户外环境的过程中，充分考虑本地资源优势和幼儿整体发展需求，尝试在一个区域内融合设置多样化的游戏区域，模糊各空间的功能定位，“留白”足够的弹性空间，分散建立开放式、多元化的资源中心，并根据幼儿的活动兴趣适时投放各种支持性资源，构建了自然和谐、共创互生、深度支持的开放多元式游戏场。

环境创设：自然、生态

在创设户外环境的过程中，教师应充分关注户外环境的自然特性，创设以自然的草地、沙地为主的活动场地，种植丰富多样、适宜当地气候的花草树木，整合多样化的生态资源，打造自然、和谐、生态、多元的户外游戏环境，充分满足幼儿亲近自然、感受自然、探究自然的需求。

例如，江苏省宿迁市某幼儿园的教师在创设后花园时，充分挖掘、利用了本地乡土资源，融合设置了沙地、水池、小河、山坡、树林、果园、廊架等自然生态场景和设施，最大化地盘活了现有的场地空间，可以让幼儿自主开展运动、观察、探究、采摘、表演、涂鸦等多样化活动。

空间设置：融合、留白

在创设户外环境时，教师应充分考虑幼儿的多元发展需求，结合场地条件，设计丰富、多样的开放性游戏空间，尝试模糊各游戏区的边界和功能定位，“留白”足够的不确定的活动空间，通过高开放的资源投放，创生各种问题情景和探索可能，引发幼儿多元化的自主学习与探究。

例如，江苏省宿迁市某幼儿园的教师在创设户外游戏场时，结合开放性的立体环形跑道，综合设置了攀、爬、钻、荡、平衡等各种运动项目。同时，幼儿园在整片场地内融合设计了沙水、养殖、种植、表演等活动区，并留出足够的弹性场地空间，动态投放各种建造、种植、观察、探究、创作、阅读等幼儿可能用到的工具和材料，可以让幼儿在这片场域内开展多样化、创造性的自主活动。

材料投放：开放、多元

开放式材料能支持和激发幼儿的创造性思维。在投放材料时，教师要根据幼儿的

兴趣和探索的活动主题，动态地投放多元化的开放性材料，让幼儿基于自己的兴趣与需求，按照自己的节奏，自主地选择活动材料，从而创造性地开展各种沉浸式的探究活动。

具体来说，教师既要投放不同规格的材料，如大小不一的轮胎，长短、宽窄及材质各不相同的梯子等，使其更加适合不同发展水平的幼儿的活动需求；又要结合基础材料的结构、特点，有针对性地投放各种辅助材料，以便让幼儿在不同材料的创意组合中迸发灵感、激发潜能，培养创造性思维。

其他资源：适宜、支持

如今，幼儿园的课程改革主张从“教师主导的教”转向“幼儿自主的学”，因此环境中多样化的资源置入显得尤为重要。例如，基于幼儿的活动需求，教师尝试将相关的绘本、工具书、图片、视频、书写记录材料等，适时地投放到不同的环境之中，更好地支持幼儿在游戏中的深度学习与探究。

例如，江苏省宿迁市某幼儿园创设了一个童话小屋游戏场，它由三座依坡而建的霍比特小屋及开阔院落组成。这里不固定任何角落的使用功能，而是依据场地及周边资源的特点，分散设置多个开放式资源中心。譬如，在童话小屋周边设立“生活类资源中心”，投放小家具、锅碗瓢盆等生活化材料，支持幼儿自主开展各种生活类游戏；在山坡上设置“坡道探究资源中心”，投放纸筒、滑草车等可能引发滚动、滑行的材料，支持幼儿利用山坡进行各种探究活动……在这片场地上，在哪里玩？玩什么？和谁一起玩？全由幼儿当家做主。教师要做的就是借助专业的观察，捕捉幼儿的问题与需求，进而对其中的材料、资源进行适宜性、动态性的调整和补充。

在开放多元式游戏场的建设中，只有秉持幼儿为本、融合共生、开放适宜、动态调整的创设原则，注重环境建设的自然性、开放性、多元性和支持性，力求让环境最大化地蕴含各类课程资源，才能更好地呼唤、引发、支持幼儿的多样化学习与探究，催生其内在生长力量，从而促进每个幼儿完整而富有个性地成长。

（资料来源：冯鑫，《幼儿园户外游戏场走向开放多元》，《中国教育报》，2020年10月11日）

一、单项选择题

1．关于幼儿园环境，下列说法中不正确的是（　　）。

A．幼儿园环境创设是美化的需要

B．环境创设是教育者实现教育意图的重要中介

C．幼儿园园外环境比园内环境更具可控性

D．心理环境具有隐蔽性的特点

2．幼儿园向家长展示园所信息、进行自我宣传的区域是（　　）。

A．园门　　B．宣传栏　　C．绿化景观　　D．活动室

3．幼儿园内常见的绿植不包括（　　）。

A．乔木　　B．灌木　　C．仙人掌　　D．草本植物

二、简答题

1．简述幼儿园室外环境的构成。

2．举例说明如何利用绿植、草坪和地形进行环境创设。

3．如何规划和设计幼儿园的室外环境？

三、材料分析题

“码”上看解析

材料：在某幼儿园内，小型的滚筒和陀螺放置在操场的一个角落里。一天，大班的幼儿使用了这块场地，在这里玩起了滚筒和陀螺。其中的4个幼儿先将滚筒一个一个地推倒，再将陀螺反过来和滚筒间隔着扣在地上，美其名曰“挑战者大闯关”。跳过陀螺，翻越滚筒，从另一个滚筒里爬过……这些滚筒和陀螺超越了原本“滚”和“旋转”的功能，被赋予了跨越、跳跃、翻滚、钻爬等新功能。新的玩法还增加了游戏的情景性和竞争性，激发了幼儿的参与热情。

玩了一会儿后，他们又将滚筒一个一个地竖起来，围成一圈。其中一个幼儿找来一个充气的锤子站在中间，其他3个幼儿及后来加入的两个幼儿一起钻到了桶里，玩起了“打地鼠”的游戏。滚筒变成了地鼠的“洞”，给了幼儿快速躲闪、蹲起的锻炼机会。

结合上述案例，说一说教师应该如何投放幼儿园室外环境中的材料，应该如何对待幼儿对材料的使用。

幼儿园室外环境调研与分析

室外环境是幼儿园重要的教育资源。如今，环境创设受到越来越多幼儿教师的关注和重视。那么，到底该如何打造这本“无声教科书”，才能让幼儿收获快乐和成长呢？

请学生以小组为单位开展一次调研活动，了解幼儿园室外环境的实际情况，并以PPT的形式总结梳理幼儿园室外环境中存在的问题，最后针对调研活动中发现的问题，讨论出解决措施，提出优化环境的可行方案。

【活动步骤】

（1）全班同学分成若干小组，每组3～5人，各组选出1名组长。

（2）各组利用网络调研本市幼儿园的开设情况，与附近幼儿园的园长或教师取得联系，商讨调研事宜，确定1～2名调研对象。

（3）各组成员合理分工，制订详细的调研方案，可采用文献研究法、实地考察法、访谈法、问卷调查法等研究方法。

（4）根据调研方案开展调研活动，并以图片、视频、文字等形式记录下调研对象室外环境中存在的问题，做好调研记录。

（5）整理调研记录，分析和讨论调研对象室外环境中存在的问题，并提出优化环境、解决问题的措施和方案。

（6）撰写调研报告，并制作PPT。

【活动交流】

（1）各组派代表在班级中汇报此次调研活动。

（2）各组自由讨论，交流心得感悟。

（3）每个成员总结此次调研活动。要求：① 总结收获及经验教训；② 写出自己未来在幼儿教师的工作岗位上开展幼儿园室外环境创设工作的思路。

____

____

____

____

____

【综合评价】

请学生本人、小组成员、指导教师针对学生在本模块的实际学习成果进行评价，完成表2-3所示的学习成果评价表。

表2-3 学习成果评价表

班级		组号	日期			
姓名		学号	指导教师			
项目	评价内容		分值	自评	互评	师评
理论知识（30%）	能简要阐述幼儿园室外环境的构成和创设要点		10			
	知道如何规划和设计幼儿园室外环境		10			
	能结合实例详细阐述幼儿园室外活动区域的创设方法		10			
活动实施（40%）	积极参与课堂内外交流，认真做好实践活动准备		5			
	勤于实践，勇于创新，在活动中表现积极，能充分发挥个人作用		5			
	在调研活动中善于搜集和发掘信息，能快速搜集有效信息；调研报告结构完整、逻辑清晰、表述准确，指出的问题有针对性，且提出了明确的解决措施和优化方案		15			
	PPT结构合理，逻辑清晰，重点突出，图文并茂；汇报时表达流畅，且能吸引听众兴趣		15			
综合素养（30%）	具备自主学习意识和独立思考能力，能够利用课余时间主动复习功课，并针对有疑惑的地方主动到图书馆查阅资料或与同学和教师进行深入探讨		10			
	具备良好的团队合作精神，能够在课堂活动和实践活动中与他人相互协助、合作学习		10			
	具有一定的创新意识，遇到问题时能够积极思考并发散思维，尝试从不同角度思考问题，为团队提供解决问题的新思路和新方法		10			
总评	自评（20%）+互评（30%）+师评（50%）=					
自我评价						
教师评价						

模块三

启智养正，润物无声——幼儿园室内公共环境创设

模块导读

幼儿园的室内公共环境包括室内一切开放的公共区域，是所有幼儿共同学习和生活的空间，也是幼儿、教师、家长共享的区域。幼儿园的室内公共环境应关注和重视每一位幼儿、教师和家长的感受，不仅要让他们感觉到舒适，还要让他们体验到被尊重、被接纳、被关爱。创设良好的室内公共环境，使其兼具美观性和教育性，无论是对幼儿、对家长，还是对教师都具有重要的意义。

知识目标

- 明确幼儿园室内公共环境创设的作用和要点。
- 掌握大厅、走廊、楼梯的环境创设方法。
- 掌握生活区、活动室的环境创设方法。

能力目标

- 能够根据幼儿园的实际情况，创设室内公共环境。

素质目标

- 尊重幼儿，能从幼儿的视角出发创设幼儿园的室内公共环境。

环创初体验

一所独具历史韵味的幼儿园

某幼儿园坐落在历史文化名城杭州。在这所幼儿园里，随处可见具有杭州本土特色、与生活息息相关的环创元素。

在幼儿园里，有两幢风格独特的房子——月亮楼和彩虹楼。

从大门一直向前走，就能看到一栋名为“月亮楼”的建筑。走进月亮楼，首先映入眼帘的是一楼大厅顶部挂着的一顶硕大的月亮灯，如图3-1所示。月亮楼的楼梯都刷成了简单的白色，围栏用彩色的玻璃装饰，如图3-2所示。顺着楼梯往上走，墙面上展示了幼儿的各种作品，人们置身其中，仿佛在参观一座艺术馆。

图3-1　大厅顶部的月亮灯

图3-2　楼梯围栏的玻璃装饰

彩虹楼位于幼儿园教学楼的后面，砖红的墙体和传统风格的门窗，使其在整体上显得非常古朴自然。在彩虹楼的二层，楼梯空间被巧妙地设计成了一个航海主题的室内活动区，幼儿可以在这里攀爬玩耍，体验“海上”冒险，如图3-3所示。

图3-3　航海主题的室内活动区域

幼儿园有四栋教学楼。这四栋教学楼以四季命名，分别为春楼、夏楼、秋楼和冬楼。在教学楼里，不同功能的活动室总是充满幼儿的欢声笑语。在这些活动室中，最受幼儿欢迎的是建构室、美工坊、科学坊和绘本坊。

建构室是所有活动室中空间最大的一个，它为幼儿提供了自由建构的场地，幼儿可以在这里充分发挥想象力，构建属于自己的作品，如图3-4所示。建构室的墙上还记录着幼儿建构的步骤，以及幼儿在探索过程中关于问题的思考和解决方案，如图3-5所示。

图3-4　建构室的幼儿作品

图3-5　建构室的墙面

美工坊一直是幼儿园活动室的头号明星。在这里，幼儿可以尽情挥洒艺术灵感，用画笔和各种材料描绘出一个五彩缤纷的世界。例如，幼儿可以用点墨泼洒的方式完成一幅幅写意画，如图3-6所示；用线绳代替画笔，通过串联、交织等方式创作出一幅幅独具创意的工艺品，如图3-7所示；在纸张、布料上，用涂鸦、扎染等方式创作出极具大师风范的作品，如图3-8所示；在废旧汽车上面恣意地涂鸦创作，让这个“大家伙”重焕生机，如图3-9所示；等等。

图3-6　写意水墨画

图3-7　用线绳创作的作品

图3-8　扎染作品

图3-9　被恣意涂鸦的汽车

科学坊的每个角落都给幼儿种下了惊喜的种子，如图3-10所示。在动手试一试的过程中，幼儿总是会有很多“哇”的发现：哇，弹珠滚得真快啊！哇，小船还会倒着开呢！……每一次的发现都引领着幼儿继续探索，从而发现更多的惊喜。

绘本坊（见图3-11）温馨、舒适，其墙面以黄色、橘色、浅紫色为主色调；阅读区投放了大量柔软的装饰品（如地毯、地垫、靠枕、坐垫等）和舒适的家具（如懒人椅、小沙发、小桌子等）。此外，空间内的装饰物还加入了自然元素，如昆虫造型的地垫、动物造型的落地灯、船桨墙面挂饰等，使空间充满了温暖、童趣。

图3-10　科学区的角落

图3-11　绘本坊

思考与探究：

（1）你认为幼儿园室内公共环境包括哪些部分？

（2）你认为创设幼儿园的室内公共环境，可以从哪些方面入手？

探索一 明确幼儿园室内公共环境创设的作用和要点

幼儿园室内公共环境是幼儿园所有成员都会经过或使用的区域，包括大厅、走廊、楼梯间、生活区、活动室等区域。幼儿园室内公共环境是幼儿园环境的重要组成部分，兼具展示、活动、教育等多种功能。

一 幼儿园室内公共环境创设的作用

（一）有利于提高空间利用率

尽管幼儿园的每个班级都拥有各自的活动区域，但是班级空间是有限的，幼儿园的大厅、走廊、楼梯间等室内公共区域可以成为班级活动区域的延伸。对室内公共环境进行创设，并利用公共区域开展教育教学活动，既能大大提高幼儿园室内空间的利用率，又能为幼儿提供更多的活动空间。

（二）有助于实现资源共享

在创设室内公共环境时，教师会投放丰富多样的活动材料，并带领幼儿学习各种知识经验，在这个过程中，幼儿共享环境资源，通过动手操作、互相合作与交流等方式丰富了知识经验。

（三）有助于促进幼儿的交往

在室内公共环境中，教师通常会创设各种各样的活动区域，如在楼梯角创设“阅读天堂”“娃娃家”，在大厅创设“艺术展厅”“图书展会”，在走廊创设“种植角”“动物之家”，等等，这些活动区域的创设能够增加幼儿交往、互动的机会。幼儿在教师创设的公共环境中开展活动，既能结交其他班级、不同年龄的新朋友，又能在游戏过程中相互学习、交流经验。

例如，某幼儿园在走廊创设的“种植角”面向所有幼儿，在这里，大班的幼儿会向小班的幼儿传授种植的经验，小班的幼儿会认真学习种植的方法，在此过程中，大班幼儿获得了传授经验的快乐，小班幼儿则习得了种植的方法和经验。同时，大班幼儿和小班幼儿还提高了人际沟通能力，促进了彼此之间的交往。

二 幼儿园室内公共环境创设的要点

幼儿园室内环境的创设是为了给幼儿提供一个安全、舒适、可学习和自主发展的场所。教师在创设室内公共环境时应重视布局、用具、色彩等方面的影响，为幼儿提供一个良好的学习和成长环境。

（一）布局

幼儿园室内环境的布局设计应该兼顾美观性和功能性。

首先，教师应合理划分学习区和活动区，并设置清晰的标识，方便幼儿根据自身兴趣和需求找到不同功能的区域。

其次，每个区域都要有足够的活动空间，以便幼儿进行自主活动。

再次，教师应在不同的区域之间设置安全的过道和紧急通道，以便发生意外时能够及时处理。

最后，教师应充分发挥环境的育人功能和生态功能，在室内设置动物角、植物角等生态环境区域，让幼儿能够随时亲近自然，激发幼儿在生活中观察和发现的能力，并培养其爱护环境、爱护大自然的情感。

（二）用具

幼儿园室内环境的用具应兼顾适宜性和安全性。

幼儿园室内环境创设如何确保用具安全性

首先，幼儿园所使用的桌椅应高度适宜，以方便幼儿使用；桌角应圆润，桌面应平整光滑，以避免尖角和毛刺伤害幼儿。

其次，幼儿园的教具和活动材料的材质应环保和安全，以避免有害物质对幼儿的健康产生影响。

最后，幼儿园还应该配置灭火器、急救箱等基本安全设备，为幼儿的生命安全提供保障。

（三）色彩

幼儿园室内环境的色彩应温馨、活泼，符合幼儿的生理及心理特征。

首先，考虑到幼儿生动、活泼的特点，在幼儿园室内环境的色彩选择上，教师可以多使用黄、红、绿、蓝等明亮、柔和、活泼的色调，如浅米黄色、浅粉红色、浅绿色、浅蓝色等。应注意的是，幼儿园室内装饰色彩应避免选择大面积的高亮色彩，以免过度刺激幼儿的视力。

其次，幼儿园室内环境的色彩搭配要美观、和谐，大门、围栏、墙面和主要家具的颜色可以采用统一的主色调，其他地方可以采用衬托色调，与主色调形成对比。应注意的是，活动区的环境应搭配明艳、亮丽的色彩，营造明快、活泼的氛围；而休息区的环境则应搭配柔和、淡雅的色彩，营造祥和、安宁的氛围。

最后，幼儿园室内应该有充足的自然光和柔和的灯光，以便给幼儿提供一个明亮、温馨的活动场所。

探索二　创设大厅、走廊与楼梯的环境

一　大厅

幼儿园大厅是集接待、展示、游戏、出入等多种功能于一体的综合性公共空间，它既是所有幼儿、家长、教职员工及外来人员进入幼儿园楼宇的必经之地，也是幼儿园面向家长展示园所文化、精神和特色的重要窗口。可以说，大厅是幼儿园的“门面”，是幼儿园整体设计的灵魂所在。

作为幼儿园的“门面”，大厅应具有一定的独特性，以彰显幼儿园的风格；作为幼儿的公共活动空间，大厅应体现趣味性，营造一个充满童趣、温馨并满足幼儿一定活动需求的环境；作为家长与幼儿园沟通的桥梁，大厅应具有信息传递的功能，以便家长了解幼儿的在园情况。

在创设大厅环境时，教师应做到以下三点。

（1）鼓励幼儿参与创设。教师在创设大厅环境时，应从幼儿的视角出发，充分考虑幼儿的实际想法，用充满童趣的各种元素来布置环境。此外，教师还应引导幼儿主动参与到大厅的环境创设中去，支持幼儿大胆发挥想象力和创造力，共同创设大厅环境。

（2）创设具有吸引力的环境。一个能够源源不断地给幼儿新鲜刺激，并让幼儿在探索中不断发现惊喜的大厅环境才是具有吸引力的环境。教师可以从为幼儿提供“玩”的机会入手创设具有吸引力的大厅环境。例如，将大厅墙面设计成能供幼儿自由涂鸦的黑板或墙面，让幼儿在这里尽情创作。

经典案例

图3-12所示的幼儿园大厅中央是一面城堡背景墙。这个城堡背景墙是一个玄关隔断，将户外与教室隔开，起到了一定的缓冲作用。同时，城堡背景墙还将大厅打造成了一个童话世界，许多幼儿一来到大厅就被它吸引了。他们喜欢穿过城堡的小门探索门后的世界，或者隔着小小的窗户和同伴游戏。

图3-13所示的幼儿园大厅中央是一个森林主题的背景墙。这个背景墙的柱子被设计成树干形状，并采用原木色和绿色作为主色调，营造出一个温馨、自然的氛围。在“森林”里，教师还创设了各种各样的小动物形象，幼儿来到幼儿园，就像来到了小动物生活的森林里，对周围的一切都充满了好奇心和探索欲。

图3-12　城堡主题的大厅

图3-13　森林主题的大厅

（3）创设应考虑多变性。大厅的整体装饰风格与布置应跟随季节、节日、主题教育活动等的变化而及时调整。这种富有变化的大厅环境能够给幼儿带来新鲜感，让幼儿更好地使用大厅。

小贴士

教师在创设大厅环境时，应充分考虑大厅的面积，以确保空间的畅通，不可显得过于拥挤和杂乱。

二　走廊

走廊是幼儿每天要经过多次的区域，走廊环境的创设能够起到很好的教育作用。教师除了利用走廊美化幼儿园室内环境外，还可以利用走廊展示一些科普知识，以丰富幼儿的见识、拓展幼儿的知识面，让走廊成为幼儿学习的第二课堂。

一般来说，教师可以通过以下方式创设走廊环境。

（1）充分利用墙面。墙面是走廊环境创设的重点区域，教师可以根据教学需要和幼儿需求进行灵活创设。例如，教师可以在走廊墙面上展示幼儿的作品（如绘画、剪纸等）、不同知识主题的海报、幼儿感兴趣的装饰图、班级文化等，如图3-14至图3-16所示。应注意的是，在创设墙饰时，教师应以幼儿能够看懂的图画、照片、符号等作为展示的内容，避免在展示内容中出现大量文字。同时，教师要充分听取幼儿的建议和想法，并邀请幼儿一起参与墙面创设。

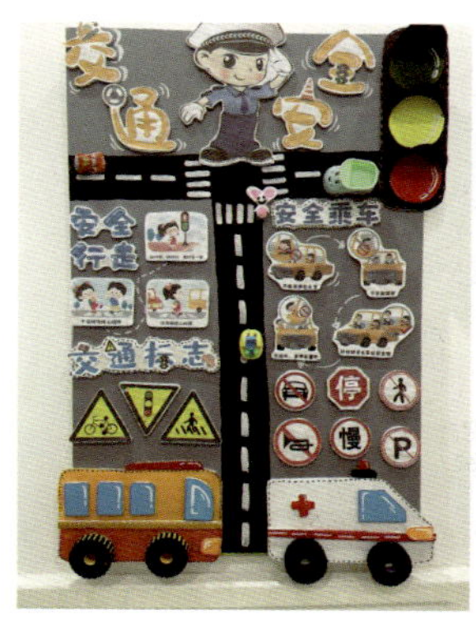

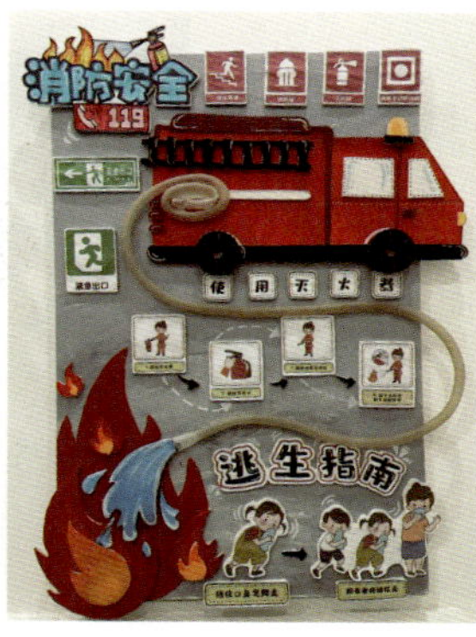

图3-14 交通主题和消防主题的知识海报

图3-15 动物园主题的装饰物

图3-16 班级文化墙

（2）合理利用天花板和地面。天花板是走廊环境创设中常常被教师忽略的地方，如果能够将其合理利用，就会起到很好的装饰效果。例如，在天花板环创方面，教师可以在天花板上垂吊幼儿制作的手工作品，也可以根据活动主题设计吊饰，如图3-17和图3-18所示；在地面环创方面，教师可以利用走廊地面设计不同类型的小游戏，如练习单双脚变化跳的“跳房子”游戏。这些简单而蕴含多种玩法的小游戏既能丰富幼儿的室内活动内容，又能促进幼儿运动能力的发展。

（3）打造走廊自然角。在幼儿园里，除了室外的种植饲养区外，走廊自然角也是幼儿了解自然知识的一个重要窗口。走廊自然角便于幼儿时刻观察、记录植物的生长变化过程，并随时照顾植物。通常，外廊式走廊（即一侧是教室，另一侧是外墙的走廊）的通风和采光条件较好，教师可以巧妙地利用这一位置设置走廊自然角。例如，在创设走廊自然角时，教师可以利用阶梯式的架子，分层摆放各种植物；可以利用旧轮胎、分格的木盒、低矮的小桌板等，种植或陈列各种植物，如图3-19所示。

图3-17　幼儿制作的绘本吊饰

图3-18　星空主题的吊饰

图3-19　走廊自然角的创设

小贴士

教师在创设走廊环境时，应考虑安全性，在不影响通道功能的前提下进行适度装饰，避免因装饰元素太多而导致走廊过于拥挤，进而造成安全隐患。

三　楼梯

楼梯用于连接各楼层，既是幼儿园重要的交通通道，又是容易发生意外事故的区域。因此，楼梯环境的创设既要起到美化环境的作用，又要有一定的安全警示作用。

在创设楼梯环境时，教师应充分利用墙面和台阶，具体可采用以下方法：① 在楼梯墙面张贴安全上下楼梯的提示语，以提醒幼儿在上下楼梯时遵守秩序，注意安全，如图3-20所

示；② 根据楼梯特点，运用剪贴、手绘等方法制作专门的主题墙饰，如图3-21所示；③ 创设知识科普类的主题墙饰，以丰富幼儿的认知，如图3-22所示；④ 在台阶上张贴小脚丫的贴纸（注意小脚丫的方向要和上下楼梯的方向一致），或者在楼梯中间贴上醒目的黄线，以提示幼儿上下楼梯要靠右，避免发生推撞事故。

图3-20 安全提示类墙饰

图3-21 主题墙饰

图3-22 科普类墙饰

此外，幼儿有时会在楼梯拐角处的平台驻足停留，因此，教师也可以利用拐角空间，创设不同主题的墙饰，如节日主题墙饰、城市主题墙饰等，如图3-23所示。

图3-23　楼梯拐角空间的环境创设

小贴士

教师在创设楼梯间环境时，应考虑安全性，楼梯墙面的装饰不宜过于复杂和花哨，以免过度吸引幼儿的注意力，影响幼儿上下楼梯时的秩序和安全。

探索三　创设生活区环境

幼儿在生活区的主要活动是用餐、睡眠、盥洗和如厕，有的幼儿园（主要是寄宿制幼儿园）把生活区和活动区分开，设有专门的用餐区和睡眠区；有的幼儿园则是按班级把幼儿的活动、用餐、午休等集中在一个区域分时段设置。

一　用餐区

很多幼儿园都会为幼儿提供三餐两点（即早餐、午餐、晚餐和两次点心）服务，因此，用餐区是幼儿园生活区中的一个重要功能区域。用餐区通常包括桌椅区、餐具收纳区、取餐区、饮水区等。教师在规划和布置用餐区时，应注重空间划分的秩序感和距离感，避免用餐环境过于拥挤、嘈杂。

对于用餐区的环境创设，教师可以结合墙面、台面、柜面、置物架等进行创设，并在入口处或空间角落摆放饮食相关的主题展板。例如，教师可以在用餐区的入口处或取餐区摆放当日菜单、健康食谱、取餐礼仪、用餐流程等主题的展板，以引导幼儿自主选择食物，有序排队取餐，从而养成良好的用餐习惯（如餐前洗手，餐后收拾餐具、整理桌面、漱口等），如图3-24所示。

图3-24 用餐区入口处和取餐区的环境创设

又如，教师可以在桌椅区附近的墙面张贴关于用餐礼仪、用餐技能、节约粮食等主题的墙饰，提醒幼儿在用餐时注意保持良好的礼仪，引导幼儿正确使用餐具，并让幼儿认识到粮食来之不易，从而养成珍惜粮食、不浪费粮食的好习惯，如图3-25所示。

图3-25 桌椅区的环境创设

再如，教师可以在餐具收纳区的柜面上张贴收纳技巧、摆放要求等主题的卡片，以引导幼儿正确收纳和摆放餐具；在饮水区附近的墙面张贴饮水提示、饮水任务、饮水要求等主题的海报，以帮助幼儿学会正确饮水，如图3-26所示。

图3-26　饮水区的环境创设

二　睡眠区

一般来说，幼儿园会在一日生活中安排午休，以保证幼儿有充足的精力参加下午的活动。幼儿园应根据园所实际情况，为幼儿提供良好的睡眠环境。例如，有的幼儿园场地较大，设有专门的睡眠室供幼儿休息，如图3-27所示；有的幼儿园场地有限，则教寝合一，即利用教室的空地设置睡眠区，如图3-28所示。

如何为幼儿创设睡眠区

图3-27　专门的睡眠室

图3-28　教寝合一的睡眠区

无论是专门的睡眠室，还是教寝合一的睡眠区，都应确保环境安静舒适、空气流通、温度适宜，以免影响幼儿睡眠。

睡眠区不仅是休息的地方，还是开展健康领域教育的重要区域。在睡眠区，教师不仅会带领幼儿开展穿脱衣物、穿脱鞋袜、叠衣服、叠被子等常规活动，还会培养幼儿良好的睡眠习惯。因此，教师在创设睡眠区环境时，不仅要营造温馨舒适的睡眠氛围，还要结合常规活动布置相关的内容，以帮助幼儿了解关于睡眠与健康的生活知识，掌握穿衣、脱衣等必要的生活技能，并养成良好的睡眠习惯。通常，睡眠区的环境创设可以借助墙面、柱子等呈现，如图3-29所示。

图3-29 睡眠区的环境创设

三 盥洗区

盥洗活动是幼儿一日生活的重要内容。在盥洗区，幼儿进行的盥洗活动包括洗手、漱口、洗脸等。为了方便幼儿开展盥洗活动，盥洗区的设施应齐全，包括洗手池、镜子、水龙头等，并且这些设施的设计要符合幼儿的身高和体型。此外，盥洗区要保持干净卫生、通风良好，同时要做好防滑措施，以免幼儿受到意外伤害。

盥洗区的环境应美观大方，既符合幼儿园的整体风格，又符合幼儿的审美。在创设盥洗区环境时，教师应结合盥洗活动，在洗手池的台面、洗手池周围的墙面等位置张贴相应的知识卡片和海报，以帮助幼儿掌握盥洗的必要知识，培养幼儿良好的盥洗习惯，提高幼儿的生活自理能力。

例如，在创设盥洗区环境时，教师可以和幼儿一起制作与洗手活动有关的墙饰（见图3-30），让幼儿掌握正确的洗手步骤，理解洗手的重要性；和幼儿一起制作与洗脸、漱口有关的墙饰（见图3-31），让幼儿掌握洗脸、漱口的方法，提高幼儿的自理能力。

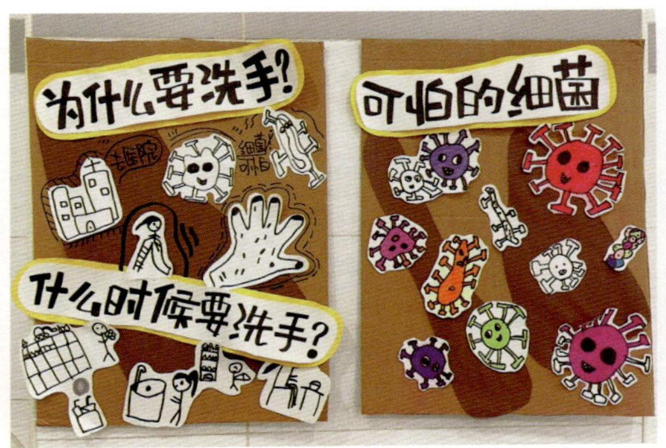

图3-30　与洗手活动有关的墙饰

图3-31　与洗脸、漱口有关的墙饰

四　卫生间

幼儿园的卫生间通常与盥洗区相连。幼儿园卫生间的环境创设（见图3-32）以墙饰为主，内容主要包括厕所礼仪、如厕方法、健康知识等。卫生间的墙饰要符合幼儿的审美特点和认

知水平，以装饰画为主，并辅以简单、少量的文字。装饰画可以采用平面装饰画的形式，也可以采用半立体装饰画的形式；制作的材料可选用各种质地的纸张、无纺布或废旧材料。

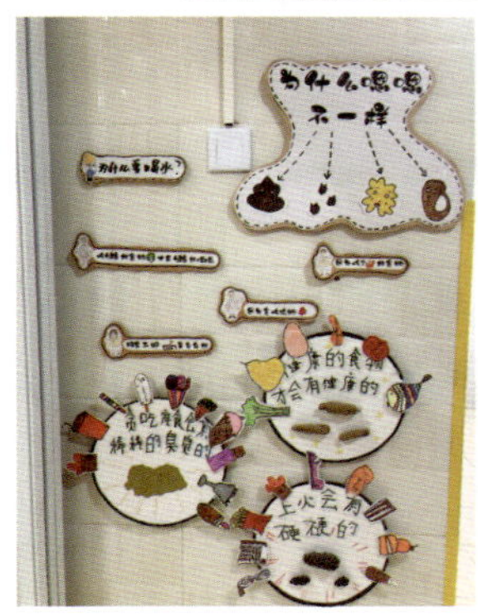

图3-32 幼儿园卫生间的环境创设

由于幼儿园的卫生间有性别之分，男卫生间和女卫生间的装饰风格、墙饰内容应有所不同，如图3-33所示。例如，教师可以根据男生、女生如厕方法的不同设计如厕墙饰，如图3-34所示。

图3-33 男卫生间的装饰风格及墙饰内容（左）、女卫生间的装饰风格及墙饰内容（右）

图3-34　男卫生间的如厕方法墙饰（左）、女卫生间的如厕方法墙饰（右）

探索四　创设活动室环境

幼儿园的活动室在幼儿园的教育环境中扮演着重要的角色。它不仅是幼儿学习知识和发展能力的场所，还是幼儿园体验空间。幼儿园的活动室面向全体幼儿，教师应兼顾不同年龄段幼儿的各种需求，创设合适的活动环境。一般来说，活动室能够容纳一个班的幼儿一同进行活动，幼儿在这里有充分选择和探索的机会，与班级活动区相比有更大的自由度。

通常，幼儿园会设有4～6个活动室，比较常规的活动室包括美工室、图书室、科学室、生活坊、建构室等。有些幼儿园还会结合自身的园本课程和教育特色，设置具有特色的活动室，如棋艺室、木工坊、布艺室等。下面，本书将重点介绍常规活动室的环境创设。

一　美工室

美工室是艺术领域教育的重要区域，是专门供幼儿自由创作的空间，通常包括手工区、玩色区、拓印区、涂画区、泥工区、作品展示区等，旨在培养幼儿对美的感受力和表现力，提高其审美能力，使其在艺术创作中获得乐趣和满足。

教师应为幼儿营造一个色彩丰富、充满艺术美的环境，并为幼儿投放丰富多元的美工材料。具体而言，教师可以从以下几个方面创设美工室的环境。

（一）利用墙面营造艺术氛围

教师可以通过墙面来营造多元生动的艺术氛围。例如，利用竹枝、木头、树叶、杂草等自然材料装饰墙面，如图3-35所示；在不同区域的墙面上悬挂相应的艺术作品，如图3-36

所示；在墙面上展示幼儿创作的作品；将墙面打造成巨大的置物架，摆放各种美工材料，如图3-37所示；等等。

图3-35 利用自然材料装饰墙面

图3-36 悬挂艺术作品的墙面

图3-37 将墙面打造成置物架

（二）合理利用天花板

美工室的天花板可以用简洁的艺术线条、抽象的图案做装饰，也可以垂挂艺术作品或幼儿作品等，如图3-38所示。

图3-38 美工室的天花板创设

（三）打造界限分明的功能区域

美工室的功能区域划分应明确，以便有针对性地开展不同类型的美工活动。在划分功能区域时，教师既可以利用柱子、隔断、柜子、架子等分隔空间，形成多个半封闭式的功能区域，如图3-39所示；也可以通过铺设不同的地毯、粘贴不同的贴纸等分隔空间，形成多个开放式的功能区域。无论是半封闭式的功能区域还是开放式的功能区域，都应设置相应的光源，以确保幼儿顺利开展美术创作活动。

图3-39　利用隔断、柜子、架子分隔空间

（四）投放丰富多元的材料

美工室的材料应向多元化转变，不仅要有多种多样的基本材料，如各种画笔、画纸、颜料、彩泥、陶泥、胶枪、胶棒、刻刀、剪刀、小桶等；还要有多元化的自然材料，如树叶、树枝、干花、贝壳、石头、杂草等；更要有能发挥创意的生活废旧材料，如塑料瓶、纸盒、纸袋、毛线、绒球、纽扣、彩珠、吸管、布料等。应注意的是，材料的投放要符合幼儿的发展水平，因此，教师应为不同年龄阶段的幼儿提供不同层次的材料，并根据实际情况及时更新、更换材料。

（五）充分利用角落和台面展示幼儿作品

除了手工区、玩色区、拓印区、涂画区、泥工区等创作区域外，美工室还应设置展示幼儿作品的区域。例如，教师根据美工室的实际面积，设置专门的幼儿作品展示区，如图3-40所示；借助墙面、窗台、桌面、柜子等展示幼儿的作品，如图3-41所示。

图3-40　专门的幼儿作品展示区

图3-41 借助墙面、柜子展示幼儿作品

二 图书室

幼儿园的图书室是语言领域教育的重要区域。幼儿园的图书室不仅是一个阅读空间，还是一个支持幼儿全面发展的多元空间，包含藏书区、阅读区、书写区、好书推荐区等静态区域，以及视听区、图书修补区等动态区域。因此，幼儿园的图书室是一个集藏、读、写、听、演、查等活动于一体的综合活动空间。

良好的图书室环境不但能激发幼儿的阅读兴趣，而且能使幼儿养成良好的阅读习惯。在创设图书室环境时，教师可根据幼儿的不同需求，合理规划各活动区域，实现动静分离，为幼儿提供良好的阅读环境。

（一）静态区域的环境创设

藏书区、阅读区、书写区和好书推荐区等静态区域应设置在相对安静的位置。

1. 藏书区

藏书区应配备种类丰富的幼儿书籍，包括绘本、故事书、认知书等，以满足各年龄段幼儿的阅读需求。

在藏书区，教师可以通过调整书架的布置方式和图书的摆放方式，打造多样化的空间环境。

对于书架的布置，教师可采用多种方式，如靠墙摆放成品书柜，在墙面上安装造型各异的柜子，将隔断打造成书架，围绕阅读区摆放造型独特的书架，等等。

对于图书的摆放，教师可以将基础图书按主题和种类分类放置在书架上，并用幼儿喜欢的形式给图书编码，方便幼儿取放；将重点推荐幼儿阅读的图书放置在醒目的地方，并展示出图书美观的封面和精彩的内文，以吸引幼儿的注意。

此外，为了避免幼儿在阅读时频繁起坐、走动去更换图书，教师还可以为幼儿提供小篮筐或小推车，便于幼儿取、换图书。

图3-42所示为藏书区环境。

图3-42　藏书区环境

2．阅读区

阅读区是幼儿进行阅读活动的主要区域，应设置在光线明亮且安静的位置。当自然光不能满足幼儿阅读的光照需求时，教师应为幼儿提供适宜的人工光源，最好选择色温高、色调柔和的暖白光，以呵护幼儿的视力。

教师应合理规划室内空间，根据现有条件将阅读区设置为开放式、半开放式或封闭式的阅读空间。开放式阅读空间中可以分散放置小沙发、躺椅、长凳等；半开放式阅读空间可以是嵌入墙体的各种几何空间，也可以是沙发、家具围合成的阅读空间等；封闭式阅读空间就

像幼儿的秘密基地，它可以是独具风格的一顶顶小帐篷，也可以是温馨可爱的读书房等。幼儿可以在这些多样化阅读空间内尽情体会阅读的乐趣。

在创设阅读区时，教师可以对墙面进行简单的装饰，如在墙面上张贴幼儿喜爱的卡通图片、经典书籍的海报等，或者以手绘海报的形式呈现阅读规范、阅读方法等，从而为幼儿营造良好的阅读氛围，加强环境的教育意义。

图3-43所示为阅读区环境。

图3-43　阅读区环境

3. 书写区

书写区是幼儿记录阅读情况和阅读感受，以及自制图书、书签的区域。为满足幼儿的书写需求，书写区同样应设置于光线良好的位置。

在创设书写区环境时，教师应摆放一定数量的桌椅和阅读工具架，并提供记录本、卡纸、便笺纸、白纸、信封、记号笔、油画棒、彩笔、铅笔、橡皮等书写材料和工具，以便幼儿随时取用。此外，教师还可以在书写区张贴关于正确书写姿势、自制图书和书签的步骤的小提示，从而在引导幼儿养成良好书写习惯的同时，提高其参与书写活动的兴趣。

图3-44所示为书写区环境。

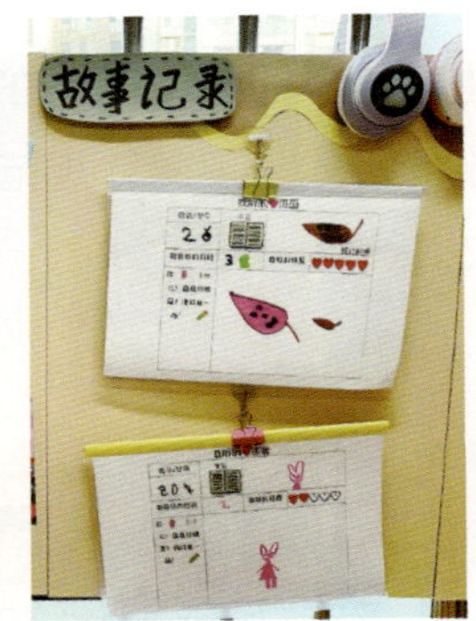

图3-44 书写区环境

4. 好书推荐区

在好书推荐区，教师可以精选适合幼儿阅读的优质图书，引导幼儿多读书、读好书，从而提高幼儿的阅读质量，引导幼儿学会区分并自主选择优质图书。

在创设好书推荐区时，教师可以利用绘本架展示推荐的好书，也可以组织幼儿制作好书推荐墙饰或展板，展示所推荐好书的封面及推荐理由。

图3-45所示为好书推荐区环境。

图3-45 好书推荐区环境

（二）动态区域的环境创设

1. 视听区

在视听区，幼儿可以阅读有声书、朗读绘本、聆听故事机、观看绘本影片等。在视听区，教师需要投放耳麦、播放器、录音机、各类发声书、点读笔、故事机等阅读辅助工具，以引导幼儿开展与阅读相关的活动。在创设视听区环境时，教师应为幼儿提供视听设备的使

用方法和使用规则，以便幼儿能顺利、有序地进行视听活动。

图3-46所示为视听区环境。

图3-46 视听区环境

2. 图书修补区

在阅读过程中，图书破损是一个常见的现象。在图书修补区，教师可以引导幼儿将破损的图书修补完善，这样做既能让破损的图书继续发挥作用，又能引导幼儿爱护图书，做一个爱书小卫士。在创设图书修补区时，教师应投放适合幼儿操作的修补工具，如胶带、固体胶、安全剪刀等，并提供图书修补流程的参考示意图，帮助幼儿掌握图书修补的方法。

图3-47所示为图书修补区环境。

图3-47 图书修补区环境

三 科学室

高结构材料和低结构材料

幼儿园的科学室是科学领域教育的重要区域。科学室是专门供幼儿进行科学探究的场所，旨在激发幼儿的好奇心和探究欲，引导他们通过直接感知、亲身体验和实际操作发现科学探究的乐趣，从而培养科学探究的意识，积累科学探究的经验。科学室通常配备丰富多样的材料，包括实验器材、生物标本、物理原材料等高结构材料，塑料、小木棒、易拉罐等生活中常见的、无固定玩法的低结构材料，以及纸、笔等记录工具，以便幼儿在游戏中学习科学知识、探究科学真理。

科学室应是一个充满趣味和科学氛围的场所，在创设科学室环境时，教师可以从以下三个方面入手。

（一）营造浓厚的科学氛围

教师在创设科学室时，可以利用墙面和天花板来营造科学氛围。科学室的墙面要巧妙地体现科学元素，可以将墙面打造成哈哈镜或磁力墙，也可以利用橱柜将墙面变成展示区，还可以在墙面上张贴科学主题的图片或材料，如图3-48所示。科学室的天花板对室内整体环境创设具有辅助作用，教师可以从室内主题风格、室内明亮程度和艺术美感等角度对科学室的天花板进行装饰，如图3-49所示。

图3-48 科学室的墙面创设

图3-49 星空主题的天花板

（二）合理划分活动区域

根据科学的不同领域，科学室可以划分出不同的活动区域，如自然区、物理区、生物区等。每个区域都应有明确的主题风格，并配备相应的探索材料。例如，某教师在生物区

创设了“丛林探秘”的主题活动，投放了一些植物标本和仿真的动物模型，并搭建了山洞、树桩、草丛等，模拟了一个丛林探险的场景，能让幼儿在自由探索的同时，了解一些探险知识。

此外，活动区域的设置还应遵循“动静分离”的原则，即把安静的桌面探索区设置为“静区”，安排在靠近边缘或角落的位置；把动手探索的游戏区、实验区等设置为“动区”，安排在活动室的中间或靠近窗台的位置，并用置物柜、隔断等分隔空间，避免互相干扰。

（三）适时投放不同种类的材料

幼儿的认知能力是有限的，教师在投放科学材料时要根据幼儿的认知水平，由易到难地提供不同类别的材料，同时要根据幼儿的接受程度随时调整、更新材料。

支持科学探究的材料

四 生活坊

幼儿园的生活坊是幼儿接受生活教育、提高生活技能的专用活动室。在生活坊，幼儿可以自由操作各类生活工具，独立地完成烹饪、洗衣、缝补衣物等活动。

在创设生活坊的环境时，教师要根据情景需要创设相应的环境，创设的环境应与真实场景高度相似，以使幼儿能够真正获得相应的生活经验。生活坊可以从人们的衣、食、行三个方面进行划分。

（一）以“衣”为主题的活动区域

以“衣”为主题的活动区域主要是让幼儿体验洗衣、缝补衣物、制衣等日常活动，使幼儿掌握相应的生活技能。根据体验活动的不同，该区域又可分为洗衣区、缝补区和制衣区，教师应在不同的区域投放相应材料，如布料、棉花、毛线、扣子、针、缝纫机、剪刀、破旧衣物、小盆、洗衣液、肥皂等，并在相应区域的墙面上张贴工具的使用方法、安全事项及操作技巧等海报。

（二）以“食”为主题的活动区域

以“食”为主题的活动区域主要是让幼儿体验烹饪的乐趣，教师应根据烹饪的流程设置相应的区域，如清洗区、加工区、制作区、品尝区等，并投放适合幼儿使用的厨具、电器、食材等材料。应注意的是，各区域的操作台高度应符合幼儿的身高。图3-50所示为以“食”为主题的活动区域环境创设效果。

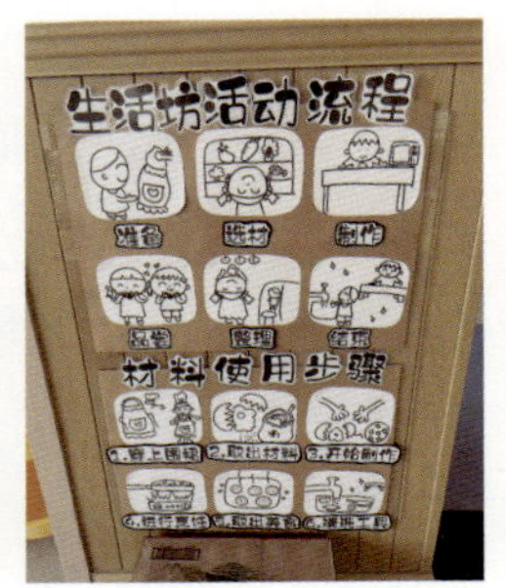

图3-50　以“食”为主题的活动区域环境创设效果

（三）以“行”为主题的活动区域

以“行”为主题的活动区域主要是让幼儿掌握出行的相关规范。在创设该活动区域时，教师可以搭建城市交通微缩场景，让幼儿在真实的场景中模拟交通情景，以此了解交通规则。例如，要创设一个过人行横道的场景，教师需要在地面上粘贴车辆行驶的路面标线（如直行道、左转道、右转道、白色虚线、白色实线、黄色虚线、黄色实线等）、斑马线等，在墙面上张贴各种交通标志图、规则图等，还要制作红绿灯指示牌，尽可能地创设出真实的交通场景。

五　建构室

幼儿园的建构室是专门供幼儿开展大型建构游戏的场所。建构室会为幼儿提供各种类型的建构玩具，如积木、拼图、磁性建构玩具等。建构室通常包括拼搭区、创造区、展示区等不同的活动区域，可以满足幼儿不同的建构需求。在建构室中，幼儿可以学习各种建构技法，如拼接、堆叠、排列等，还可以与同伴合作完成大型的建构作品（见图3-51），以培养团队合作能力和人际交往能力。

图3-51　大型的建构作品

幼儿园的建构室还应注重对地面和墙面的环境创设，从而为幼儿营造一个轻松、自由、充满乐趣的游戏氛围。例如，墙面通常会展示幼儿的建构作品和创作过程，激发他们的创造力和想象力，如图3-52所示；地面会铺设不同的地垫或地毯，既可以分隔区域，又能保证幼儿的安全，如图3-53所示。

图3-52 建构室的墙面创设

图3-53 建构室的地面创设

环创微课堂

“儿童视角”的幼儿园环境创设

“儿童视角”的幼儿园环境创设强调不论年龄大小，幼儿都有权利对自己生活、游戏、学习的空间提出自己的设想，并进行自主设计、决策。也就是说，幼儿可以用自己的眼睛看，用自己的耳朵听，用自己的头脑想，用自己的双手做，而不是被要求、胁迫、牵引，按成人的逻辑和意志去行动、思考。这就意味着教师要积极邀请幼儿参与环境的创设过程，减少单纯利用幼儿作品进行环境布置的做法。

下面以“幼儿心目中的森林、花园和果园”这一活动为例，来探讨“儿童视角”的幼儿园环境创设过程。

环境设计的创意来源于幼儿的生活

环境设计的创意来源于幼儿的生活，意味着教师要邀请幼儿一起讨论户外环境、室内公共环境及班级环境的主题。现有幼儿园环境设计的创意大多来自成人，而此案例中的创意则来源于幼儿在户外活动结束后的聊天话题中：户外活动结束后，幼儿坐在教学楼侧面白色墙下的平衡木上休息，聊起了昨天看的动画片，有的说喜欢“光头强”，有的说喜欢“喜羊羊”，有的说喜欢“小魔仙”，还有的说要是所有动画明星都来到幼儿园与他们一起玩游戏该多好……教师在创设环境时接纳了幼儿的创意，支持幼儿将想法变成了现实。

设计环境时邀请幼儿参与

设计环境时邀请幼儿参与，意味着教师对于“在哪里布置环境？”“选择哪些内容？”“如何构图？”“确定什么样的审美基调？”等问题，都要尽可能倾听幼儿的想法、满足幼儿的愿望。在此案例中，幼儿希望把那面白色的墙变成动画明星们的活动场。基于幼儿的特点，教师在倾听幼儿表达的基础上描绘了绿色的草地和大树的树干，然后鼓励幼儿用不同的印章去表现自己想象中的“光头强”的森林、“喜羊羊”的果园及“小魔仙”的花园。

环境的布置满足幼儿的需要

环境的布置满足幼儿的需要，意味着教师在邀请幼儿一起布置环境时，要考虑幼儿的生理需要和心理需要。在此案例中，色彩、印章形状都由幼儿自己选择，并列摆放还是重叠摆放也由幼儿自己决定，幼儿的个性化要求得到了不同程度的满足。为了满足幼儿自我挑战的需要，教师甚至提供了小梯子，让幼儿能够将大大的印章盖得高高的。幼儿全程参与环境布置，有利于获得认同感和自豪感。

环境的评价追随幼儿的反应

环境的评价追随幼儿的反应，意味着现有的环境好与不好、美与不美、变与不变、做加法还是做减法，不是由教师一人说了算，而是要基于幼儿的参与性评价与过程性评价来确定。在此案例中，当幼儿认为森林中的大树不够茂密、果树上的果子不

够多样时，教师引导幼儿在原有底色上做加法。譬如，增加叶子的数量以显示层层叠叠的效果，增加果实的品种以体现果实的多样性。当幼儿经过一段时间的互动，对现有的环境失去兴趣时，教师便追随幼儿的兴趣生成其他内容。在追随幼儿反应的环境评价中，评价主体不只是教师，还有幼儿，评价标准也不是只有教师的立场，还有幼儿的视角与声音。

显然，一个基于幼儿立场、邀请幼儿共同参与设计的幼儿园环境，会由内而外地表现出对幼儿的尊重、信任和接纳，即环境创设中的每一步既有教师的预设，也尊重儿童的声音，且教师更多地以幼儿的需要为需要、以幼儿的关切为关切、以幼儿的兴致为兴致，充分陪伴幼儿、支持幼儿。

（资料来源：王海英，《王海英：回归儿童立场的幼儿园环境创设》，《幼儿教育》，2018年第31期）

一、单项选择题

1．（　　）是集接待、展示、游戏、出入等多种功能于一体的综合性公共空间。

A．大厅　　B．走廊

C．楼梯间　　D．活动室

2．走廊环境创设的重点区域是（　　）。

A．门窗　　B．地面

C．窗台　　D．墙面

3．（　　）不仅是休息的地方，还是开展健康领域教育的重要区域。

A．用餐区　　B．盥洗区

C．睡眠区　　D．卫生间

二、简答题

1．简述室内公共环境创设的作用。

2．简述楼梯环境的创设方法。

3．简述图书室各功能区的创设方法。

4．简述科学室环境创设的要点。

三、材料分析题

材料：某幼儿园有一个超级大的大厅，在入园与离园时，大厅里熙熙攘攘，但除了这两个时间段，大厅里总是冷冷清清的，小朋友们都不愿意在大厅停留太长时间。如此大的大厅长期处于闲置状态，对于幼儿园来说是一种资源的浪费。为了充分利用这个空间，让大厅变成幼儿的玩乐天地，教师询问了不同年龄段幼儿的想法，最终通过全体幼儿的投票，决定在大厅创设一个玩纸筒游戏的环境。纸筒是幼儿在幼儿园里常见的材料，幼儿园周围也有好几个纸筒工厂。于是，幼儿园先从纸筒厂运来大型纸筒，慢慢地又添加了各种规格的纸筒。于是，"嗨翻天"的纸筒游戏在大厅登场了。

结合上述材料，说一说幼儿园在大厅设置纸筒游戏的好处，以及如何才能创设出幼儿喜欢的室内公共环境。

改造幼儿园的活动室

作为幼儿园的重要课程资源，活动室可以满足幼儿的内在需求，促进幼儿的全面发展。虽然很多幼儿园设置了活动室，但从活动室的使用效果来看，它们并没有发挥真正的教育价值，甚至形同虚设。

请学生以小组为单位，走进当地的幼儿园，调研活动室的开设情况、材料投放情况、使用效果等，并从幼儿的视角考察活动室的环境创设效果，然后对幼儿不喜欢或参与度不高的活动室进行改造。

【活动步骤】

（1）全班同学分成若干小组，每组3～5人，各组选出1名组长。

（2）与附近幼儿园的园长或教师取得联系，确定2～3名改造对象。组长提前与幼儿园的负责人沟通调研事宜，确定调研时间。

（3）各组成员合理分工，通过采访园长和教师，深入了解本园活动室的使用效果；通过采访幼儿，了解幼儿对现有活动室的看法，明确幼儿喜欢什么样的活动室（从环境创设的角度向幼儿提问）。

（4）根据改造方案对改造对象进行改造，并对改造过程和改造结果做好视频、图片记录。各组成员充分讨论，结合幼儿的想法和喜好，制订详细的改造方案，分工改造幼儿不喜

欢或参与度不高的活动室，并将改造要点写在下面的方框中。

（5）制作幼儿园活动室改造前后环境布局对比图，获取幼儿园反馈，并制作PPT。

【活动交流】

（1）各组派代表在班级中汇报此次改造活动。

（2）各组自由讨论，交流心得感悟。

（3）每个成员总结此次改造活动。要求：① 总结收获及经验教训；② 写出自己未来在幼儿教师的工作岗位上开展幼儿园室内公共环境创设工作的思路。

【综合评价】

请学生本人、小组成员、指导教师针对学生在本模块的实际学习成果进行评价，完成表3-1所示的学习成果评价表。

表3-1　学习成果评价表

<table>
<tr><td>班级</td><td></td><td>组号</td><td></td><td>日期</td><td colspan="3"></td></tr>
<tr><td>姓名</td><td></td><td>学号</td><td></td><td>指导教师</td><td colspan="3"></td></tr>
<tr><td>项目</td><td colspan="3">评价内容</td><td>分值</td><td>自评</td><td>互评</td><td>师评</td></tr>
<tr><td rowspan="3">理论知识（30%）</td><td colspan="3">能简要阐述幼儿园室内公共环境创设的作用和要点</td><td>5</td><td></td><td></td><td></td></tr>
<tr><td colspan="3">能结合实例详细阐述幼儿园公共环境创设的方法</td><td>15</td><td></td><td></td><td></td></tr>
<tr><td colspan="3">知道如何创设幼儿园室内公共环境</td><td>10</td><td></td><td></td><td></td></tr>
<tr><td rowspan="4">活动实施（40%）</td><td colspan="3">积极参与课堂内外交流，认真做好实践活动准备</td><td>10</td><td></td><td></td><td></td></tr>
<tr><td colspan="3">具备问题意识，善于发掘有效信息，在调研活动中能快速发现问题，并针对问题搜集有效信息</td><td>10</td><td></td><td></td><td></td></tr>
<tr><td colspan="3">能从幼儿的视角设计活动室，提出的改造方案切实可行，既能满足幼儿的需求，又方便教师管理</td><td>10</td><td></td><td></td><td></td></tr>
<tr><td colspan="3">PPT结构合理，逻辑清晰，重点突出，图文并茂；汇报时表达流畅，且能吸引听众兴趣</td><td>10</td><td></td><td></td><td></td></tr>
<tr><td rowspan="3">综合素养（30%）</td><td colspan="3">具备自主学习意识和独立思考能力，能够利用课余时间主动复习功课，并针对有疑惑的地方主动到图书馆查阅资料或与同学和教师进行深入探讨</td><td>10</td><td></td><td></td><td></td></tr>
<tr><td colspan="3">具备良好的团队合作精神，能够在课堂活动和实践活动中与他人相互协助、合作学习</td><td>10</td><td></td><td></td><td></td></tr>
<tr><td colspan="3">具有一定的创新意识，遇到问题时能够积极思考并发散思维，尝试从不同角度思考问题，为团队提供解决问题的新思路和新方法</td><td>10</td><td></td><td></td><td></td></tr>
<tr><td>总评</td><td colspan="4">自评（20%）+互评（30%）+师评（50%）=</td><td></td><td></td><td></td></tr>
<tr><td>自我评价</td><td colspan="7"></td></tr>
<tr><td>教师评价</td><td colspan="7"></td></tr>
</table>

模块四

乐在区角，境遇美好——幼儿园班级环境创设

模块导读

班级是幼儿在园学习与活动的主要空间，班级环境是隐形的老师，它能潜移默化地影响幼儿的成长。教师应基于以“幼儿为本”的理念，为幼儿提供安全、健康且具有教育价值的班级环境，从而满足幼儿多方面发展的需要；教师还要充分调动幼儿的主观能动性和积极性，让幼儿主动参与班级环境的创设，使他们在与环境互动的过程中深化认知、丰富经验，从而得到更好的发展。

知识目标

- 熟知幼儿园班级环境创设的原则。
- 熟知幼儿园班级环境创设的要点。
- 掌握常见班级活动区的环境创设方法。

能力目标

- 能够根据不同年龄段幼儿的发展需要创设班级环境。

素质目标

- 乐于思考，善于站在幼儿的视角创设班级环境。

环创初体验

各具特色的班级环境创设

好的班级环境能给予幼儿美的感受，激发幼儿的探究意识，在幼儿的成长过程中发挥着隐性的教育作用。环境创设是呈现课程内容和教育目标的载体，也是幼儿学习与发展的有效途径和重要手段。

一班一特色

幼儿园各个年级的班级创设都有相应的主题，小班、中班、大班分别围绕年级主题创设了班级环境。在环境创设的过程中，各班教师遵循“以生活为本”的理念，创设了丰富且有特色的班级区域环境，如大班的角色扮演区，设置了“高雅的茶馆”（见图4-1）、“美味的烧烤店”、“温馨的奶茶店”……每一处环境都凸显着班级的特色和风貌。

图4-1 “高雅的茶馆”

一墙一主题

在班级主题墙（见图4-2）上，课程的痕迹、幼儿的学习过程都被教师细心珍藏，汇聚在一块块主题展板上，作为幼儿成长的印记。

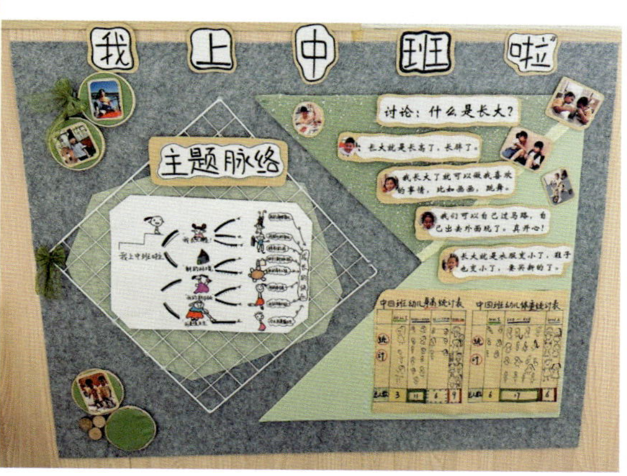

图4-2　班级主题墙

一处一自然

班级植物角（见图4-3）是大自然的一个缩影，也是幼儿认识自然的窗口，更是幼儿观察、探索、实践的宝地。每一个植物角里都有吸引幼儿去了解的奥秘，小小植物的每一点变化都蕴含着大大的科学道理，幼儿在动手、观察、探究的过程中也获得了知识，体验了快乐。

图4-3　班级植物角

思考与探究：

（1）班级环境创设应包括哪些内容？

（2）班级环境创设是否需要幼儿的参与？为什么？

探索一 熟知幼儿园班级环境创设的原则和要点

一 幼儿园班级环境创设的原则

创设幼儿园班级环境时，教师除了遵守幼儿园环境创设的原则（模块一中已经讲过，此处不再赘述）之外，还应遵守整体性原则、尊重幼儿原则和适度留白原则。

（一）整体性原则

整体性原则包含两个方面的内容。

一方面，教师应把教室作为一个整体进行设计。在创设班级环境时，教师应考虑空间的整体布局是否统一、和谐。

例如，班级主题墙的设计是否与各活动区的墙面设计相协调，是否符合幼儿园的整体环境特色；各活动区的墙面设计是否达到了色彩、形式的统一；家具的造型、色彩是否具有整体感；等等。

另一方面，班级环境是重要的教育资源，要为幼儿的整体性发展提供保障。幼儿的整体性发展是指幼儿在身体、智力、情感、社交、语言等各个方面都得到平衡和全面的发展。幼儿园教育活动要注重领域之间、目标之间的相互渗透和整合，不能只片面追求幼儿某一方面或几方面的发展，而应促进幼儿的身心全面协调发展。因此，在创设班级环境时，教师应从促进幼儿的身心全面发展出发，创设多元、开放、丰富的班级环境，使幼儿的各方面能力都能够在班级环境潜移默化的影响下得到发展。

例如，在创设医院主题的角色扮演区环境时，教师可以投放丰富的医疗器械类玩具，使幼儿在游戏的过程中发展基本动作，提高动作的协调性、灵活性；还可以在墙面上张贴不同主题的知识海报，如看病的流程、打针的方法、问诊的技巧等，使幼儿在游戏的过程中发展语言理解和表达能力，学习初步的人际交往技能。

（二）尊重幼儿原则

首先，班级环境的创设要符合幼儿的认知水平。与成人以文字理解事物的方式不同，幼儿理解周围环境的主要方式是图像和符号。因此，在创设班级环境时，教师要充分考虑幼儿的认知水平、阅读偏好和审美偏好，用幼儿能够看懂的图像和符号来呈现内容。

其次，班级环境的创设要符合幼儿的身高和喜好。例如，在设计主题墙时，教师要摆脱成人视野，站在幼儿的视角，基于幼儿的身高限制，尽量在墙面120厘米以下的位置进行装

饰。又如，在创设班级环境时，教师要用幼儿普遍喜欢的图案、形象、色彩等装饰墙面，并在各活动区摆放幼儿喜欢的图书、玩具等。

最后，班级环境的创设要让幼儿参与。在创设班级环境时，教师切忌大包大揽，而是要充分听取幼儿的想法，接纳幼儿的建议，并主动邀请幼儿一起参与班级环境的创设。

（三）适度留白原则

留白是一种非常重要的环境创设概念。它不仅是对空间的合理利用，还是一种重要的教育手段。适度留白既能给幼儿提供自主探索的机会，引导幼儿主动发挥创造力，又能避免环境中的信息刺激过量，造成混乱感。因此，在创设班级环境时，教师要学会留白，并让留白成为幼儿参与环境创设的一种方式。

遵循留白原则，教师可以在创设班级环境时，给幼儿留出半开放的场地、未完成的墙饰等可发挥的空间，让幼儿可以在上面自由创作，以激发他们的创造力。

二 幼儿园班级环境创设的要点

在班级环境的创设中，最重要的是主题墙的创设和活动区的创设。

（一）主题墙创设要点

幼儿园班级墙面环境创设

班级主题墙不仅能够装饰、美化环境，还可以丰富幼儿的认知、陶冶幼儿的情操、培养幼儿的审美能力，是对幼儿施以教育的有效途径。具体来说，教师在创设班级主题墙时要注意以下几点。

1．充分考虑幼儿的发展特点

在创设班级主题墙时，教师应从幼儿的兴趣出发，针对幼儿的审美特点，力求使主题墙的设计符合幼儿的喜好。一般来说，具有夸张、比喻、象征、抽象等手法的装饰效果容易引起幼儿的兴趣。

此外，在选择墙饰内容时，教师还应根据班级幼儿的年龄特征和认知发展规律，结合幼儿各阶段教育的内容进行综合考虑，使墙饰内容既富有童趣，又能紧密结合教师的教学活动，凸显墙饰的教育功能。

2．运用丰富多彩的形式

班级主题墙的形式包括功能性主题墙、教育性主题墙、展示性主题墙、互动性主题墙等。其中，功能性主题墙（见图4-4）包括红花榜、每日食谱、晨检栏等，这类主题墙主要呈现幼儿的在园情况，具有信息传递的功能。教育性主题墙（见图4-5）通常与班级开展的活动主题相关，是记录幼儿活动过程和结果的载体，也是幼儿与同伴、幼儿与教师之间近距离接触、交流的平台，还是主题活动得以顺利开展的媒介。展示性主题墙（见图4-6）主要用来陈列艺术作品、幼儿作品等，可以培养幼儿的审美能力、激发幼儿的成就感等。互动性主题墙（见图4-7）是供幼儿自主操作的墙饰，可以结合游戏进行设计，也可以结合主题教育设计。

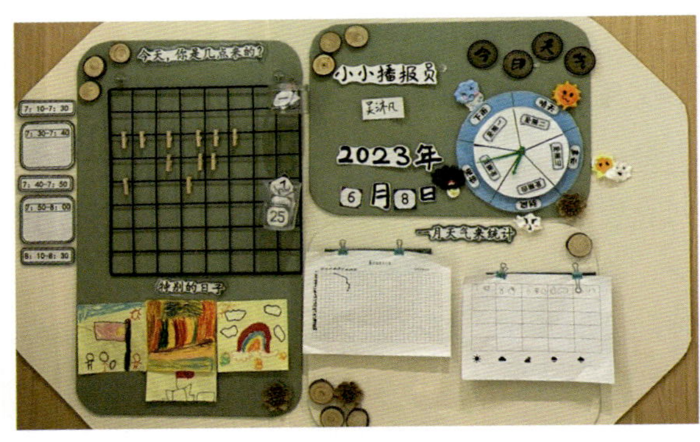

图4-4　功能性主题墙

图4-5　教育性主题墙

图4-6　展示性主题墙

图4-7　互动性主题墙

3. 定期更换内容

班级主题墙不是一成不变的，而是应根据教育目标、教学内容、幼儿兴趣等因素定期更换。例如，教师可以结合季节、节日、学校和班级活动等题材变换主题墙的内容，并引导幼儿收集主题相关的素材，主动参与到主题墙的创设中。

4. 采用多样的装饰手法与材料

班级主题墙既要呈现具体内容，又要让人印象深刻，以便幼儿识别和记忆。在创设时，教师要巧用丰富的色彩加强视觉效果，并采用添加、排列、重复、夸张、变形、归纳等手法提炼、简化物象的造型，从而使主题墙充满创意，如图4-8所示。

图4-8　醒目且富有创意的主题墙

此外，教师在创设主题墙时，还要善于利用各种材料，采取多种形式进行构图，如利用树叶、树枝拼图，利用布条粘贴小动物，利用线绳构造各种图案，利用铅笔刨花制作小工艺品，等等。这样的墙饰可以给人以新鲜感与真实感，从而吸引幼儿的注意力，激发幼儿动手操作的欲望。

（二）活动区创设要点

活动区又称兴趣角，是让幼儿通过自主活动，练习、巩固所学知识，并获取新的知识和经验，从而发展自身能力的场所。教师在创设活动区环境时，需要注意以下几点。

1. 合理规划活动区的面积和类型

活动区的面积大小影响着幼儿的活动效果。如果活动区的面积过小，则容易使幼儿在活动时相互影响，甚至发生肢体冲突；如果活动区的面积过大，则会造成幼儿之间的交流互动减少，不利于幼儿社会性的发展。因此，教师要根据各个活动区的活动开展形式，合理地规划各个活动区的空间面积。例如，阅读一般是独立进行的活动，并且活动时所需要的空间较小，因此阅读区的面积可以相对小一些；而在建构区，幼儿可能会“筑长城”“起高楼”，并且经常会多人合作完成某个建构作品，因此该活动区的面积应相对大一些。每个活动区的单次容纳量以5～7人为宜，人数过多则容易造成混乱。

一般来说，小班可设置3～5个活动区，中班可设置5～7个活动区，大班可设置6～8个活动区。此外，活动区的选择应根据幼儿的年龄特征、个性特点，以及各年龄班的教育重点来决定。

例如，小班的教育重点主要集中在幼儿的情感、动作、语言及行为规则的培养上，因此教师可以设置生活区、阅读区、娃娃家、美工区等活动区；中班和大班的教育重点主要集中在培养幼儿的探究能力、思维能力、问题解决能力上，因此教师可以设置科学区、角色扮演区、阅读区、建构区、美工区等活动区。

2. 合理分隔不同的活动区

（1）活动区之间的界限应清晰明确。

活动区之间的界限应该清晰，不应出现相互重叠的情况，否则幼儿在活动时容易从一个活动区走到另外一个活动区，从而引发混乱。对此，教师可以利用橱柜、置物架等物品分隔空间，这些物品不但具有储物功能，实现一物多用，从而节省空间，而且方便移动，有利于教师随时对活动区进行调整，以适应不同活动的要求。应注意的是，橱柜、置物架等分隔物的高度不宜太高。如果分隔物的高度太高，一是不利于幼儿取放储存的物品，二是容易使活动区过于封闭，妨碍教师观察幼儿的活动。

例如，某班的娃娃家和建构区相邻，中间用橱柜隔开。根据活动需要，教师想扩大原有娃娃家的面积，以便让更多的幼儿在娃娃家内活动，这时，教师可以暂时搬走娃娃家和建构区之间的橱柜，让建构区成为娃娃家的一部分，并据此创设新的活动区环境。

（2）关联性大的活动区应相邻设置。

班级活动区的类型主要分为主动的活动区和主静的活动区、易脏的活动区和干净的活动区等。

主动的活动区有角色扮演区、建构区等，主静的活动区有科学区、阅读区、美工区等。在设置活动区时，教师要将主动的活动区和主静的活动区分开，使幼儿在开展活动时不会相互干扰。

易脏的活动区有科学区、美工区等，干净的活动区有阅读区、角色扮演区、建构区等。教师可以将易脏的活动区设置在洗手间或其他水源附近，便于幼儿随时清洗。

（3）活动区之间的封闭性应有所区别。

活动区之间的关联性不同，封闭性也应有所不同。例如，科学区和美工区之间的关联性较弱，两个区域相邻安排时，封闭性可以强一些；而科学区和阅读区有一定的关联性，幼儿在科学区中遇到问题时可以随时去阅读区查阅资料，因此两个区域相邻设置时，封闭性可以弱一些。

同时，小班活动区和大班活动区的分隔也应有所不同。小班幼儿的独立活动比较多，而且容易受到其他幼儿的影响，所以活动区之间的封闭性应该强一些；而大班幼儿的社会性行为较多，活动的合作性强，因此活动区之间可以更“开放”，便于幼儿在不同活动区之间开展交流。

（4）保证活动区之间的“路线”畅通、安全。

如果通道狭窄、不通畅，幼儿经过通道进入活动区时，就容易和其他幼儿发生碰撞、拥挤等情况，从而造成安全隐患。因此，教师在设置活动区时，应保证活动区之间的“路线”畅通、安全、宽敞，活动区尽量靠墙设置，并且一个活动区最好只设置一个入口。

经典案例

某教师根据中班幼儿的特点，将活动室分为角色扮演区、建构区、美工区和阅读区四个区域，为了加强中班幼儿游戏的合作性，增加幼儿之间的交往，教师还在角色扮演区设置了娃娃家、超市和理发店三个主题区域。随后，教师根据教室的空间、设施与设备等条件，对四个活动区进行了合理的规划布局，如图4-9所示。

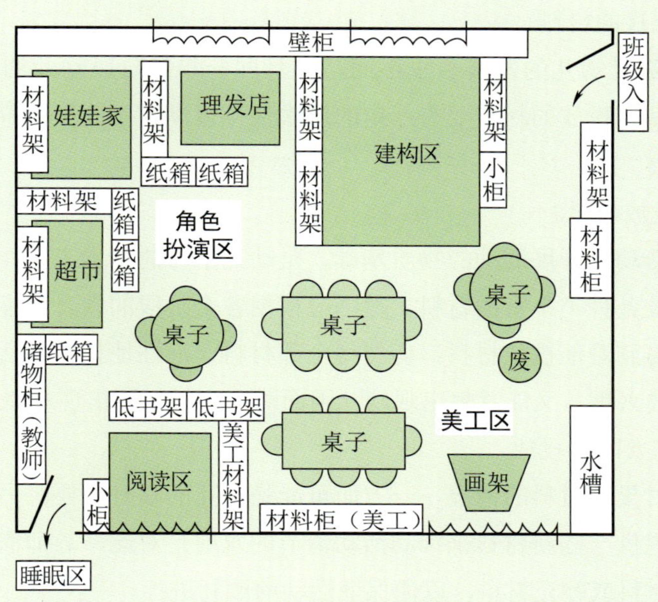

图4-9 中班活动区规划设计图

上述各活动区之间界限明确，每个活动区都呈半封闭式，并且各活动区之间的通道畅通，布局较合理。

3. 活动区材料的投放和利用

（1）按目标投放材料。

适宜的活动材料是达成教育目标的基本条件，因此教师必须围绕幼儿园的教育目标投放材料。教师在投放活动材料时，还必须全面考虑幼儿的兴趣、已有经验和发展需要等，通过观察幼儿与环境的互动，及时更新活动材料，以促进幼儿的发展。

（2）按主题投放材料。

活动区的主题会根据教育目标的变化而变动。相应的，活动区的材料也要根据主题的变化而不断更新。以角色扮演区为例，小班的教育目标是增强幼儿的角色意识，教师可以通过提供角色的标志物，如妈妈的连衣裙、爸爸的西装、医生的白大褂、厨师的厨师帽等，让幼儿明确自己的角色；中班的教育目标是加深幼儿对角色的理解，能较正确地反映出角色特有的行为和语言，教师可以提供更多能够体现角色行为特征的物品，如医生看病时使用的听诊器、针管、药物，厨师做饭时使用的厨具、各种食物，等等；大班的教育目标是激发幼儿角色游戏的创新意识，培养幼儿在游戏中自己解决问题的能力，教师可以投放一些自制材料，鼓励幼儿自己制作游戏玩具，如为邮局制作信箱、邮筒、邮包、邮票、印章，为图书馆制作分类卡、借书证，为照相馆制作相机、相片，等等。

（3）投放不同层次的材料。

由于不同年龄阶段幼儿的发展水平不同，并且同一年龄阶段幼儿的发展也存在个体差异，教师在各个活动区投放的材料要有一定的层次性，以满足不同年龄阶段幼儿和同一年龄阶段不同幼儿的需要。

（4）分期分批投放材料。

材料是幼儿在活动区开展活动的物质基础，是幼儿学习的基本工具。在创设每个活动区时，教师都会为其准备种类丰富的材料。教师应根据各个阶段的教育目标及目标的完成情况分阶段、分批、由易到难地投放材料，切勿将全部材料一次性地投放到活动区中，这样既能保证幼儿对活动区的兴趣，又能避免出现幼儿因面对太多材料而出现难以选择的情况。

（5）有些材料需要随时投放。

通常，出现随时投放材料的情况，一方面可能是幼儿的临时需要；另一方面可能是活动进行不下去，需要提供一些新材料来推动活动情节的发展。对此，教师需要细心观察，根据实际情况及时投放材料或补充材料，以便保证活动的顺利进行。

4. 注重活动区的功能开发

教师应注重活动区的功能开发。

首先，教师应在活动区中充分展示幼儿的活动成果。活动区中的各种活动可以引发幼儿动手操作，从而制作出丰富多彩的作品，如阅读区中的阅读感想和阅读记录、美工区中的绘画作品等。教师可借助墙面、柜面、架子等，展示幼儿作品。

其次，教师要善于利用活动区的环境来呈现规则。虽然区域活动是幼儿的自主活动，但是“没有规矩不成方圆”，培养幼儿的规则意识也是活动区的教育目标之一。例如，在阅读区，将书架上的图书摆放得整整齐齐，并在书架的侧面或附近的墙面上张贴借阅规范的图示，告诉幼儿阅读完之后要将图书放回原处。

最后，教师要根据活动区的特点，营造浓厚的活动氛围。例如，在阅读区，教师可以铺上暖色调的地毯，摆放几个卡通靠枕和地垫，让幼儿在温馨舒适的环境中开展阅读活动；在建构区，教师可以摆上各种各样的建构模型，以吸引幼儿的注意力，激发幼儿动手操作的热情，进而开展建构活动。

探索二 创设常见班级活动区的环境

一 角色扮演区

角色扮演区是幼儿开展角色游戏的场所，幼儿可以在各种模拟的情景中，按照他们对周围世界的认识和理解来扮演各种角色，诠释各种行为。角色扮演区为幼儿提供了人际交往的机会，满足了幼儿参与社会生活的愿望，能够让幼儿积累社会生活经验，发挥创造力和想象力，同时对幼儿语言表达能力、问题解决能力、人际沟通能力和社会性的发展起到良好的促进作用。因此，各年龄班通常会将角色扮演区设为必备活动区之一。

（一）区域布局

角色扮演区通常会分为若干个主题区域，因此在班级的区域布局中会占用较大的面积。此外，幼儿进行角色游戏时，常会走来走去、大声交谈，因而角色扮演区应远离比较安静的活动区，如阅读区等。

在分隔角色扮演区时，教师可专门设计、制作一些多功能的趣味化家具，也可用普通家具、纸板、矮柜等围成一个半封闭的区域，以确定本区域的活动范围。

（二）环境设计

角色游戏涉及的主题有很多，如娃娃家、餐饮店、超市、医院、奶茶店、花店、宠物店、邮局、照相馆、理发店、书店、银行、健身房等。这些都是深受幼儿喜爱的游戏主题。

由于角色游戏的主题较多，教师很难在角色扮演区内同时设置很多主题区域。因此，教师可以根据本班教室的空间情况，在一段时间内，选择性地安排1～4个主题供幼儿选择。一般来说，若是安排的主题在两个以上，教师可以把娃娃家作为基本主题区域，然后再选设1～3个幼儿感兴趣的主题；若是安排的主题只有一个，教师就需要经常更换主题内容，并变换主题环境。

在设计主题环境时，教师应尽量创造一个仿真的环境，以激发幼儿的兴趣，满足他们操作的欲望，使幼儿在游戏中体验现实生活中各种角色的行为。同时，角色扮演区中微缩型的仿真环境和各种小道具，非常符合幼儿的思维特点，有助于游戏情节的顺利开展和推进，幼儿也能从中获得更真实的体验，积累更多的生活经验，如图4-10所示。

图4-10 仿真的角色扮演区环境

（三）材料投放

不同主题的角色扮演区，所需的材料不同。下面介绍几个角色扮演区里常设主题的材料投放要求。

1. 娃娃家主题区域的材料投放

娃娃家是幼儿在特意营造的家庭情景中通过动作和语言来扮演角色，并使用游戏材料进行角色互动、完成游戏情节的活动区域。在该主题区中，教师需要提供以下材料。

◎ **玩具娃娃**：玩具娃娃能丰富角色游戏的情节，增强幼儿的角色意识。因此，教师应提供不同性别且有着不同面部特征的玩具娃娃。教师还应根据娃娃的性别提供丰富多样的衣服，这些衣服应方便幼儿给娃娃穿脱、清洗，以便锻炼幼儿的自理能力。

◎ **角色服饰**：教师应根据家庭成员的角色，提供相应的服饰，如妈妈的连衣裙、高跟鞋、头饰，爸爸的西装、衬衫、领带、皮鞋、公文包，爷爷的假发、拐杖，奶奶的老花镜、花布衫，等等。

◎ **家具**：教师应提供与幼儿身高相符的家具，如桌子、椅子、沙发、梳妆台、娃娃的小床（包括枕头、小毯子或小被子等物品）、摇篮等，以及相关成品玩具，如图4-11所示。这些家具也可以用纸箱、泡沫等材料自制。

◎ **厨房用品**：教师应提供煤气灶、锅、锅铲、漏勺、菜刀、案板、盆、碗、盘子、汤匙、筷子、叉子、杯子，以及各种仿真食物等厨房用品，如图4-12所示。

◎ **家用电器**：教师应提供电话、电视机、冰箱、洗衣机等各种常见的家用电器。这些家具电器可以用纸箱、泡沫等材料自制，也可以用仿真玩具，如图4-13所示。

图4-11 娃娃家的各种家具

图4-12 娃娃家的各种厨房用品

图4-13 娃娃家的各种家用电器

2. 餐饮店主题区域的材料投放

在该主题区域中，教师可提供各种食物模型、菜单、小围裙、小帽子、口罩、厨具、餐具、托盘、收银机、钱币，以及食品包装盒等材料，如图4-14所示。

图4-14 餐饮主题区域的活动材料

3. 超市主题区域的材料投放

在该主题区域中，教师可提供购物架、各类商品（可以是空的食品盒）、仿真蔬果，以及价格标签、购物筐、手推车、仿真钞票（可以是幼儿自制的钞票）、计算器、收银机等材料，如图4-15所示。

图4-15 超市主题区域的活动材料

4. 医院主题区域的材料投放

在该主题区域中，教师可提供白大褂、护士帽、听诊器、体温计、压舌板、医药箱、药瓶、注射器、纱布、胶布、处方、病历等材料，如图4-16所示。

图4-16 医院主题区域的活动材料

（四）区域管理

角色扮演区的主题种类较多，针对不同的主题区域，教师应按照相应角色的需求去设计、布置环境。通常，每个主题区域的材料会根据区域环境的设计摆放在相应的位置。例如，在超市主题区域，计算器、收银机、仿真钞票等材料摆放在收银台处，各类商品摆放在购物架上，购物筐、手推车摆放在超市入口处等。

此外，由于每个主题区域的材料种类较多，教师可将各种材料分类摆放，贴上标签或做上图示标记。例如，在餐饮店主题区域，有专门摆放餐具材料的橱柜。教师可先将不同餐具的图形画在即时贴或彩色纸上，然后剪下来，再用透明胶带将图形粘贴在橱柜中具体的摆放位置，表示这里存放物品的种类。

经典案例

寒假过后，某大班教师没有着急规划班级的角色扮演区游戏内容，而是在开学的第一周，把问题抛给幼儿：“这学期你们想玩哪些角色游戏呀？原来的游戏有哪些需要保留，哪些不需要保留？为什么？”幼儿各抒己见。经过讨论，教师和全班幼儿最后决定增加“酒店”“皮影戏”“快递站”等新的主题区域。

在角色扮演区，幼儿自主创设游戏场景，更能发挥幼儿的主动性。因此，教师应在幼儿已有经验的基础上适度引导，鼓励幼儿自己搜集材料，帮助幼儿确定解决问题的方法，让幼儿创设自己需要的角色扮演区游戏场景。

二 建构区

建构游戏是幼儿利用各种不同的结构玩具或结构材料，如积木、积塑等，构造物体形象的一种游戏。在建构区内，幼儿可以自由、自主地开展游戏。建构区的活动不仅能够发展幼儿的基本动作，让幼儿学习并掌握多样的建构技法，还有助于培养幼儿细心、耐心、勇于克服困难等优良的品质。

（一）区域布局

建构区通常会投放形体较大的建构材料，因此为了保证幼儿有足够的空间进行自主创造，班级内建构区的面积相对较大。该区域通常呈半封闭状，适宜设置在靠近班级角落的区域，用木板、纸板、塑料箱、纸盒、矮柜等做隔断，如图4-17所示。另外，幼儿在开展建构活动时，会进行讨论、交流，发出一定的声响。为了避免建构区的声音干扰其他区域的幼儿活动，教师应本着动静分隔的原则，将该区域与较安静的活动区域分隔开，与比较吵闹的区域相邻设置。

图4-17　半封闭的建构区

（二）环境设计

建构区通常不需要放置桌椅，地面上可以铺上地毯或地垫，以便幼儿随意地坐在地上游戏，并减小幼儿在该区域活动时发出的声响，避免干扰其他区域幼儿的活动，如图4-18所示。建构区的墙面上既可以张贴各种建筑物、交通工具、高速公路、桥梁、交通标志等图片，又可以张贴建构的材料、方法等知识海报，还可以陈列幼儿的建构作品，如图4-19所示。这样可以开阔幼儿的眼界，丰富建构题材，便于幼儿学习和再创造。

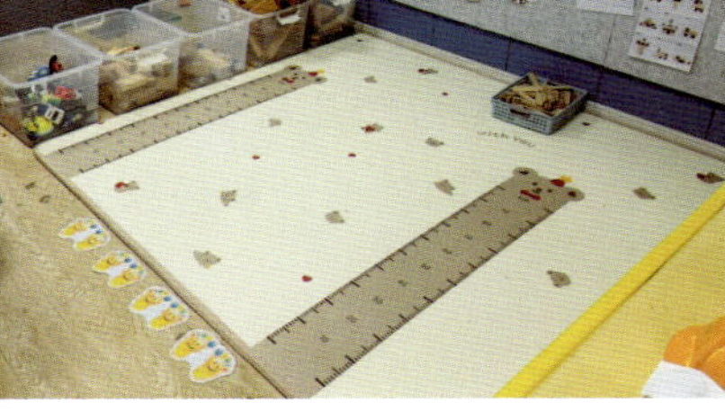

图4-18 建构区的地面

图4-19 建构区的墙面装饰

（三）材料投放

建构区开展的主要是一些大中型的建构游戏，需要的材料主要有积木、积塑、积竹、拼图及一些辅助材料。教师可以根据幼儿园的玩具配置情况有选择地提供建构材料，供幼儿操作和创造。

小贴士

小班幼儿的建构游戏没有特定的目的，只是无计划地摆弄结构材料，他们喜欢把结构材料垒高，然后推倒，如此反复操作。因此，教师应为小班幼儿准备足够数量的、可以独立操作的材料。对于中班和大班的幼儿，教师既要提供个人单独操作的材料，也要提供多人合作操作的材料，以培养幼儿分工合作的能力。

1. 积木

积木通常是立方体的木头玩具或塑料固体玩具，可以通过排列、组合、垒高、平铺等方式构造出不同的造型。积木种类繁多，样式各异，如大型积木、中型积木、小型积木、空心积木、实心积木、几何图形积木等。这些不同规格、不同颜色、不同形状的积木可以创造出各种建筑物、交通工具、动物等。

针对不同年龄班的幼儿，教师提供的积木也应该不同。针对小班幼儿，教师可以为他们提供体积中等、颜色鲜艳、分量较轻、形状简单（以三角形、长方形、圆形等为主）的空心积木。针对中班幼儿，教师应丰富积木的种类和形状，增加积木的重量。针对大班幼儿，教师可以投放木制的实心积木，并且积木的形状、数量可以更多，以充分满足大班幼儿构造复杂物体的需求。

2. 积塑

积塑是由塑胶制成的片、块、粒、棒等各种形状的结构元件。通过接插、镶嵌等方式，积塑可以组成各种物体模型。这类材料的结构元件上都有凸出的“头”和凹进的孔或槽，可以相互拼插、镶嵌组合成一个结构件。

积塑是一种深受幼儿喜爱的游戏材料。在玩积塑的过程中，幼儿需要通过构思、设想，选择合适的结构元件进行组合、接插，这样不仅可以激发幼儿的创造力和想象力，还可以锻炼他们的手眼协调能力和动手能力。

3. 积竹

积竹是竹子制成的各种大小、长短的竹片、竹筒等建构材料。积竹可以构造不同的物体，如火车、飞机、桥梁、公园等。积竹构造出的物体栩栩如生，富有情趣。

4. 拼图

拼图是指需要幼儿运用逻辑思维能力和空间想象能力进行拼接组合，以构建特定图像或物体的形态各异的游戏材料。拼图的种类较多，如图案拼图、拼棒（见图4-20）、几何图形拼图（如七巧板）等。

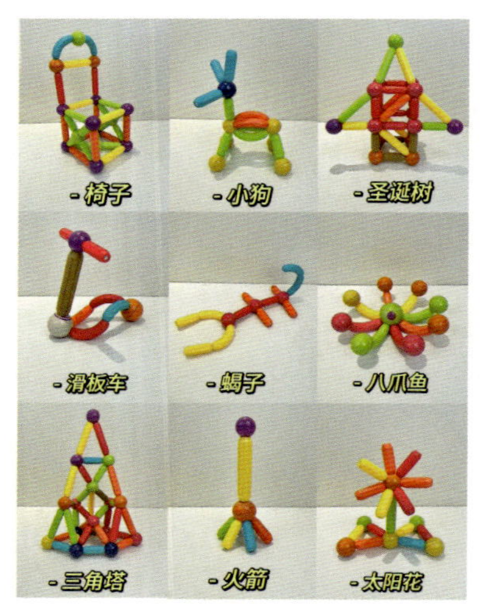

图4-20 拼棒

拼图游戏可以激发幼儿的推理、观察、思考等能力，提升其手眼协调能力，培养其耐心和专注力，使幼儿了解“部分”与“整体”的关系，初步理解平面组合的概念。

5. 辅助材料

建构游戏可以与角色游戏相结合，从而使建构游戏更加丰富、有趣。对此，教师可以在建构区投放一些与角色游戏相关的材料，主要包括以下几种：① 各种木头或塑料制成的人

物模型，如警察、售货员、司机、快递员等；② 各种动物模型，如小兔子模型、小狗模型、小猫模型、小鸡模型、小鸭模型、大灰狼模型等；③ 各种交通工具，如小汽车、卡车、火车、公共汽车、小轿车、自行车、马车等。

此外，教师还可以提供各种废旧材料，如纸盒、泡沫、吸管等，以满足幼儿建构各种物体的需要。应注意的是，所有的成品辅助玩具都应使用微缩模型，自制的辅助玩具体积也应以方便幼儿摆放为宜。

（四）区域管理

建构区的积木应存放于柜子里，如图4-21所示。教师应用图示标记的方式，将存放不同类型、不同大小积木的柜子贴上图示标签，标签上的图形应与积木的实际形状一致。应注意的是，柜子不应过高或过深，柜子的高度不应超过100厘米，柜子的深度应在30～35厘米之间。

图4-21　积木的收纳整理

积塑、积竹、拼图及辅助材料可以分类存放在各种纸盒子或塑料收纳箱里，同时也应贴上图示标签。另外，存放各类材料的容器可靠近存放积木的柜子，以方便幼儿将其结合在一起使用。

三　美工区

美工区旨在为幼儿提供一个自由欣赏和创作的场所，也是幼儿园美工教学的重要补充。在该区域内，幼儿可以操作各种材料，按照自己的意愿和兴趣来表达自己的想法，施展自己的才能，并享受创作的快乐，从而获得精神上的满足。

（一）区域布局

美工活动比较安静，在空间规划时可以与阅读区、科学区等相邻设置。同时，美工区应设置在光线充足、靠近水源的地方：光线充足有利于幼儿观察和创作，保护其视力；靠近水源则方便幼儿洗手、清洗画笔、清洁桌面和地板。

在安排美工区的空间大小时，教师可以根据本班幼儿对美工活动的兴趣及活动材料等情况综合考虑。如果幼儿园能提供的美工活动材料较丰富，并且幼儿对美工活动较感兴趣，参加活动的人数较多，教师就需要给美工区安排一个较大的活动空间。此外，美工区还需要设置一个专门陈列幼儿作品的区域。美工区的幼儿作品陈列或存放方式如图4-22所示。

利用桌面陈列或存放幼儿作品

利用柜面、窗台陈列或存放幼儿作品

利用材料柜陈列或存放幼儿作品

利用可移动的架子陈列或存放幼儿作品

图4-22　美工区的幼儿作品陈列或存放方式

（二）环境设计

教师在创设美工区的环境时，要突出艺术性，做到陈设简洁美观、色彩鲜明和谐、富有吸引力，并符合幼儿的审美情趣，使幼儿能在环境的熏陶下提高审美能力。

美工区可以张贴各类艺术作品，如绘画、雕塑、剪纸作品等，如图4-23所示；也可以将幼儿作品平贴在展示栏或摆放在台面上，如图4-24所示。应注意的是，作品应定期更换；作品的展示高度要与幼儿的水平视线高度一致，以方便幼儿欣赏作品。

图4-23 美工区墙面张贴艺术作品

图4-24 美工区展示的幼儿作品

经典案例

某幼儿园大一班的美工区，利用柜子和收纳盒分隔出工具区、材料区、作品展示区及操作区等独立的区域空间，区域门头和空间挂饰的高度基于幼儿的身高进行设置，让幼儿抬头就能与环境进行互动。幼儿想要欣赏枫林，老师就和他们一起在墙上张贴了多幅不同风格的大师作品。同时，针对枫林主题，教师提供了不同表现形式的作品，如绘画、剪纸、泥塑等，幼儿可以根据自己的兴趣、能力尝试不同形式的创作。

（三）材料投放

幼儿的美术活动是一种操作活动，离不开对多种美术工具和材料的使用。美工区的材料主要包括欣赏类、绘画类和手工类三个类型。一般而言，一个美工区同时提供所有种类的材料是不现实的，教师可以根据幼儿的实际需要，配合美术教育活动的内容准备美工区的活动材料，并定期更换、补充新材料。应注意的是，美工区的材料并非越多越好，因为丰富的材料不但容易分散幼儿的注意力，而且会导致幼儿不知道该如何选择材料。因此，美工区的材料投放要适量且有层次。

1. 欣赏类材料

欣赏类材料主要是供幼儿欣赏的美术作品，包括各种平面的图片、画册和立体的实物工艺品等。教师应提供多种艺术形式、风格的欣赏类材料，如水墨画、油画、水粉画、水彩画和版画等绘画作品，壁挂、地毯、剪纸、风筝等陈设工艺品，等等。此外，一些现代工艺作品如商品包装、广告海报、招牌标志等也可以展示在美工区中。

2. 绘画类材料

绘画类材料包括各种纸、笔、颜料、容器、画架、围护、清洁工具，以及其他用于绘画的工具和材料。

◎ 纸：包括不同大小、形状、颜色、质地的纸，如素描纸、宣纸、卡纸、瓦楞纸、皱纹纸、包装纸等。应注意的是，每次不要提供太多种类的纸，以免幼儿在选择时无所适从，或者造成浪费。

◎ 笔：包括各种类型的笔，如油画棒、蜡笔、水彩笔、马克笔、铅笔、圆珠笔、毛笔等。对于水彩笔、蜡笔、油画棒、马克笔等，教师要注意选择显色度好、无异味、质量有保障的品牌。

◎ 颜料：包括水粉、水彩、墨汁等。

◎ 容器：用于放置画笔、颜料的各种容器，如笔筒、玻璃瓶等可以放置画笔，调色盘、托盘、空罐头瓶等可以放置颜料。选择容器时要注意器皿的高度应低于画笔的长度。

◎ 画架：如果有足够的空间，摆放几个画架最为理想；如果物质条件不允许，可以让幼儿在桌面上绘画。教师还可以把纸张钉在墙上适宜的位置，让幼儿在上面作画。

◎ 围护：即幼儿在美工活动中穿着的工作服，它可以避免幼儿使用颜料时弄脏衣服。围护的式样有两种，一种是有袖的护衣式，另一种则是无袖的围裙式，其中，护衣式围护适合较小年龄的幼儿，也适合各年龄幼儿在冬季使用。

◎ 清洁工具：包括抹布、拖把、海绵、水桶、扫帚、簸箕等。

◎ 其他用于绘画的工具和材料：包括做版画的油墨、滚筒，做喷洒画的牙刷、雪糕棒、毛刷、纸巾，等等。

3. 手工类材料

手工类材料包括裁剪工具、黏合剂及其他材料。

◎ 裁剪工具：包括剪刀、美工刀、小竹刀等，应选择幼儿专用的工具。

◎ 黏合剂：包括乳胶、透明胶水、双面胶、胶带等。投放此类材料时，教师可以按照幼儿的人数准备充足数量的黏合剂，避免出现争抢的情况。

◎ 其他材料：包括自然材料、废旧材料等，如瓜子壳、贝壳、树叶、玉米皮、牙膏盒等。

（四）区域管理

教师应将美工区的材料合理地整理、归类，便于幼儿自由取放。区域内的柜子应是敞开式的，里面摆放的材料应让幼儿随手可得，如图4-25所示。应注意的是，对于那些不能让幼儿自行取用的材料，教师不要将其放在幼儿能轻易拿到的地方。

图4-25 美工区材料的摆放

美工区各类材料的摆放位置应相对集中、固定，使幼儿能够快速找到并取放。另外，存放各类材料的柜子上均应贴上不同的标签，让幼儿一目了然。

四 阅读区

阅读区是幼儿增长见识、发现语言魅力的地方。在该区域，幼儿可以阅读或聆听各种图书，一起讨论、交流图书中的内容，从而提高对画面和文字的理解能力，培养阅读兴趣。

（一）区域布局

阅读区应安排在光线较好、较安静的区域。为此，阅读区一般设置在教室东南角或西南角靠窗处，一是因为朝南的地方光线充足；二是考虑这里一侧是墙壁，能形成半开放式的格局，营造一种安静、安全的氛围。

此外，阅读区必须与角色扮演区、建构区等区域分隔开，以便减少动态活动对幼儿阅读的影响和干扰；一般可与科学区、美工区等相对安静的区域相邻设置，便于幼儿专注地阅读。

（二）环境设计

明亮、舒适、温馨的阅读环境是吸引幼儿前来阅读的基本条件之一。班级阅读区的环境可以从以下几个方面进行设计：① 铺上色泽柔和、质地柔软的地垫或地毯，摆放干净、好看的抱枕和坐垫，以及造型可爱、便于阅读的小桌子、小椅子或小沙发，如图4-26所示；② 提供能够充分展现图书封面，并且与幼儿身高相符的书架或卡通书袋，方便幼儿取放图书；③ 根据图书的不同种类选择适宜的摆放方式，如悬挂、平铺、垒高、排列等，以保证视觉上的美感，如图4-27所示；④ 在墙面上张贴与阅读有关的图片、海报等，如图4-28所示；⑤ 设置视听区，提供有声故事书、录音机、播放器、耳机等，如图4-29所示；⑥ 设置操作区，提供桌椅、玩偶（指偶、手偶、毛绒玩具、头套等）、书写工具（纸、笔、橡皮等）、装订工具（订书机、纱线、包装纸、硬纸盒、卡纸等）、修补工具（剪刀、透明胶带、固体胶棒、修正贴、胶水等）等材料，便于幼儿开展画图、写字、自制图书、修补破损图书等活动，如图4-30所示。

图4-26　温馨舒适的阅读环境

图4-27　图书的摆放方式

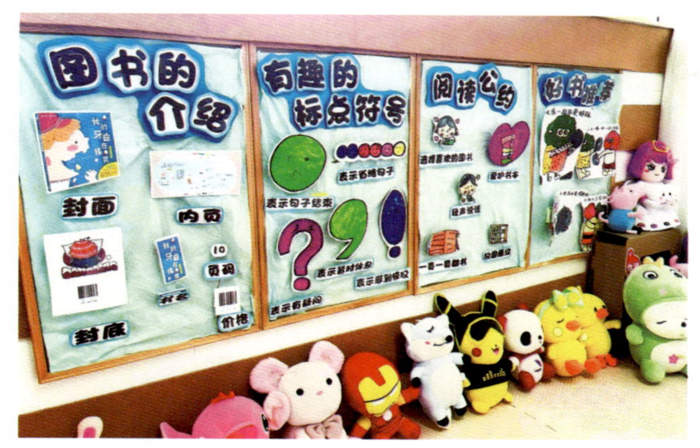

图4-28　阅读区的墙面设计

图4-29　视听区

图4-30　操作区

（三）材料投放

教师应为幼儿提供丰富多样的阅读材料，包括视觉类的材料，如图书、图片、影像及幼儿自制图书等；听觉类的材料，如与图书配套的音频，幼儿自编自讲的故事录音，教师讲故事的录音等；操作类的材料，如书写工具、装订工具、修补工具等；表演类的材料，如头饰、指偶等具有形象特征的道具等。

图书是幼儿开展阅读活动的主要载体，其内容与形式都要符合各年龄段幼儿的特点。在投放图书时，教师可以投放文学类、科普类等不同类型的图书，也可以根据当前的主题活动投放相应的图书。另外，班级阅读区的图书可以按照班级单独采购，也可以向幼儿园的图书室借阅，还可以让幼儿从家中带来。

适合各年龄段幼儿阅读的图书

（四）区域管理

阅读区的图书要放在相对固定的位置，并贴上标签，帮助幼儿养成物归原处的习惯，如图4-31所示。标签可以根据不同年龄段幼儿的特点进行设计，如小班用常见的小动物、水果的贴纸作为标签，中班用常见的图形或简单的数字作为标签，大班用文字或图形和数字的组合作为标签。此外，教师还应制订浅显易懂的阅读活动规则，并用图文并茂的形式呈现出来，以帮助幼儿建立规则意识，使阅读活动有序进行。

图4-31　贴有标签且摆放整齐的图书

五　自然角

自然角是专门用于栽培植物、饲养小动物的角落。班级自然角的创设便于幼儿开展各种种植和饲养活动，幼儿可以对动植物进行观察、探究及操作，发现平时不易发现的一些特征和变化。这能够培养幼儿的观察力，激发幼儿对自然的兴趣，以及探索大自然的欲望。同时，自然角也是美化班级环境的一种重要手段。各种绿意盎然、鲜花盛开、硕果累累的植物，活泼可爱、形态各异的小动物，既可以使班级变得更加温馨且富有生气，又可以使幼儿的生活更加丰富多彩。

（一）区域布局

自然角在班级内所占面积较小，教师通常会根据教室的实际情况，利用窗台、墙角、柜面等进行布置。一般情况下，教师还会借助班级外的走廊设置班级自然角。图4-32所示为窗台上的自然角。图4-33所示为墙角处的自然角。

图4-32 窗台上的自然角

图4-33 墙角处的自然角

（二）环境设计

自然角陈列的物品应高度适宜，便于幼儿随时观察和接触。在布置自然角的环境时，教师不能仅仅满足于把花花草草和小动物摆出来，而是要精心设计并有所创意。例如，教师用塑料瓶、易拉罐、纸箱等废旧物品种植，并给这些废旧物品涂上颜色，让自然角既实用又美观；利用石头、木片等自然元素进行装饰，增加自然角的自然氛围；等等。

（三）材料投放

自然角的活动有观赏、观察、实践等多种形式，提供的材料包括图片、模型、实物等，具体如下。

1．观赏类材料

观赏类材料主要起美化环境的作用。图片、模型可选择一些色彩鲜艳、造型生动的稀有动物和植物品种，突出其知识性和观赏性；实物则宜选择一些常见的、易于生长、易于照料的动植物品种，方便区域的日常管理，植物一般为盆栽花卉，如多肉、文竹、凤仙花、秋海棠、三色堇等，动物主要包括金鱼、乌龟等。

2．观察类材料

观察类材料主要是让幼儿近距离地观察各类动植物，并在观察中全面了解和深入认识动植物。因此，图片、模型类的观察材料最好选用那些放大型、分解型或仿真型的物品，以便幼儿能够直观地认识它们的名称和用途，如放大的苹果、梨、香蕉、橘子、杏、李子、柿子、椰子等水果图片，仿真的恐龙、鲸鱼、海龟、美洲豹、眼镜蛇等动物模型。

实物观察类材料可选用生活中常见的，但不宜引起幼儿注意的东西，如一些植物的果实、种子等。教师可以用透明的玻璃小瓶盛放这些材料，贴上标签，摆放在墙角或窗台上。在提供观察类材料的同时，教师最好再提供一些观察工具，如放大镜、显微镜等。

为了激发幼儿的观察兴趣，提高观察效果，教师应让幼儿积极参与到自然角材料的准备工作中。教师可以带幼儿走出教室，到自然环境中去采集各种树叶、树种和野生植物，然后利用这些材料进一步开展活动。例如，让幼儿将采集的树种放在透明的玻璃瓶内，制作成可供观察的陈列品；将捡到的树叶拼粘成各种图案，制作成植物标本；等等。

3. 实践类材料

实践类材料是可以让幼儿动手栽培的植物或喂养的小动物。教师应为幼儿提供各种种植工具，如废旧的罐头盒、玻璃罐、小碗、小盘、塑料点心盒、冰激凌盒、方便面盒等容器，以及小铲子、喷壶等。选择的植物品种应多样化，包括小麦、黄豆、蚕豆、花生、玉米、芝麻、草籽等从种子状态萌发生长的植物（见图4-34），以及土豆、红薯等扦插在水里即可成活的植物（见图4-35）。选择的小动物应是幼儿感兴趣和可以抚摸的小动物，如乌龟、金鱼、蝌蚪、蚕等。应注意的是，用于喂养的动物应是体形小、无危害和易于饲养的品种。

图4-34　从种子状态萌发生长的植物

图4-35　扦插在水里即可成活的植物

（四）区域管理

自然角的管理需要幼儿的参与。教师应针对不同年龄段幼儿的特点，提出不同的管理要求，让幼儿参与力所能及的管理劳动，从而培养幼儿爱劳动的好习惯。

对于小班幼儿，教师可以让他们做一些简单的工作，如给植物浇水、给小动物添食等；对于中班幼儿，教师可以引导他们进行分工，让他们轮流照顾自然角的动植物、清扫自然角，从而培养幼儿分工协作、互相帮助的良好品质；对于大班幼儿，教师可以帮助幼儿建立值日制度，让他们尽可能独立管理自然角的日常工作，教师只需要起到督导、检查的作用即可。

应注意的是，幼儿的好奇心强，对新鲜事物比较感兴趣，在管理动植物、记录动植物的生长变化时，开始时兴趣较浓，但时间久了，他们的兴趣可能会转移。这时，教师要善于从自然角里动植物的变化中不断挖掘新的观察点和知识点，以使幼儿保持对动植物的兴趣，并培养幼儿对动植物的责任感。

环创微课堂

阅读区冷清　孩子来改造

某幼儿园的一些教师发现，很多班级的阅读区都是最冷清的区域。即使有幼儿在阅读区，也是随意翻阅图书，或者拿图书打闹玩耍，很少进行深度学习和创造性活动。基于此，这些教师成立了阅读区活动研究小组，重新研读《3～6岁儿童学习与发展指南》中语言领域的目标，以中班组为试点，基于幼儿视角分析阅读区活动的现状，探究影响阅读区活动效果的因素，尝试改造阅读区。

主动倾听，师幼共同改造

幼儿视角下的幼儿园环境创设强调，不论年龄大小，幼儿有权利对生活、游戏、学习的空间提出自己的设想，进行自主设计、实施。幼儿视角下的阅读区改造，首先需要去倾听幼儿的真实声音。在中（2）班的阅读区改造中，教师围绕“为什么不喜欢阅读区”“可以怎么调整”“阅读区可以做哪些事情”等问题与幼儿进行了讨论。教师发现，幼儿对于阅读区的环境布置、材料提供等有自己的想法和感受。

陈鹤琴先生曾提出，用幼儿的双手和思想布置的环境，会使他们更加深刻地理解环境中的事物，也会使他们更加爱护环境。于是，教师们积极邀请幼儿参与阅读区的改造，希望能将大家期望的阅读区尽可能地呈现出来。

第一步：改造阅读环境，做好知识准备。幼儿一起撤掉地垫，移走小沙发，从公共阅读区抬来大书架，将书籍按种类整齐有序地摆放在大书架上，还用彩色圆点给图书编码，与书架上的标记配对，方便阅读后将图书送回。

第二步：增加功能区，丰富阅读区活动。教师们共同添置了读写桌椅，幼儿从美工区找来一些操作工具和书写材料，如订书机、剪刀、彩笔、绘画纸等，通过画、剪、贴、撕、订等各种方式，创编故事或制作小书，并投放到展示区。在班级“集东集西”资源库搜寻表演类材料，逐步形成读书区、制作区、展示区、表演区等多个功能区。

互动交流，拓展阅读经验

首先，通过师幼、幼幼的互动交流，不断拓展幼儿的经验。教师利用过渡环节带领幼儿共读，讲述重点阅读的书籍内容，指导幼儿关注不同类型阅读材料的核心价值。例如，对于故事类图书，教师主要以引导幼儿理解和模仿人物的对话和动作，了解故事情节结构为主；对于儿歌类图书，教师主要以引导幼儿感知韵律节奏、体验语言趣味性为主；等等。

其次，在班级搭建“微故事平台”，利用餐前、离园前等环节，邀请幼儿向大家介绍自己阅读的书籍内容及推荐理由，教师录制视频并将视频发到班级群里，家长也可以录制视频记录并分享幼儿在家的阅读情况。家园携手，通过线上与线下表达、分享，达到相互促进的效果。在这个活动中，大多数幼儿会主动寻找熟悉的书目进行自主阅读。

最后，重视游戏分享环节的经验交流。例如，中（2）班的芝芝特别喜欢制作小书，在游戏分享环节，她介绍了立体小书《魔法小人造木头》，不但完整地讲述了创编小书的内容，还详细介绍了利用毛毡球把贝壳粘贴在封面的方法。于是，班级掀起了一股制作小书的热潮，《小鸟捉虫子》《小大人》《小鹿春风长大了》等自制小书陆续登场。当阅读渐成习惯，经验的提升自会相伴而来。

幼儿视角下中班阅读区的改造，从阅读环境、规划布置、材料提供等各方面，都做到了关注幼儿的想法。幼儿也在探索“四开放”，即空间、材料、场地、思想开放的情况下，逐步做到“五自主”，即空间自主、时间自主、创意自主、材料自主、玩法自主。

（资料来源：蒋小利，《阅读区冷清　孩子来改造》，
《中国教育报》，2022年7月10日）

一、单项选择题

1. 关于幼儿游戏活动区的布置，下列说法正确的是（　　）。

A. 以阅读为主的阅读区可与娃娃家放在一起

B. 自选游戏环境的创设是由教师进行的

C. 可在建构区提供一些人偶、小动物、交通工具模型等辅助材料

D. 娃娃家应该是完全敞开式的，让每个人都能看到里面有什么

2.（　　）是指在布置活动区时要考虑各个区域的性质，尽量把性质相似的活动区安排在一起，以免相互干扰。

A. 相容性　　B. 界限性

C. 转换性　　D. 相互性

3. 幼儿在班级开展象征性活动和角色游戏的中心区域是（　　）。

A. 建构区　　B. 角色扮演区

C. 美工区　　D. 阅读区

4. 下列关于幼儿园阅读区的说法中，不正确的是（　　）。

A. 阅读区应该选择班级里光线相对充足、比较安静的位置

B. 阅读区的图书要定期更换

C. 幼儿在阅读区活动的时候，教师不要打扰

D. 图书的选择必须符合本班幼儿的智力、语言等发展水平

5. 幼儿园的“娃娃家”游戏属于（　　）。

A. 结构游戏　　B. 表演游戏

C. 角色游戏　　D. 智力游戏

二、简答题

1. 简述班级环境创设的原则。

2. 简述班级主题墙的创设要点。

3. 列举班级活动区的分隔方法。

4. 简述班级活动区的材料投放要求。

三、材料分析题

材料：陈老师是一位非常勤奋的老师。马上就要开学了，为了迎接幼儿的到来，陈老师加班加点地投入班级环境创设工作中。这个学期，幼儿将从小班升入中班，因此，陈老师把班级的主墙饰定位为“我是中班小朋友”，设置了“我的新本领”“我的新朋友”“我长大了”等版面。为了让主墙饰更加立体和生动，陈老师还在暑假期间收集了一些废旧物品，用自己灵巧的双手，把事先规划的几个版面布置得妥妥帖帖、漂漂亮亮的。虽然忙了好些天，但是，望着这些内容满满的墙面，陈老师很有成就感，她笑称这将是给幼儿的最好的新学期见面礼。

材料中陈老师的做法是否合适？为什么？

创设班级活动区的环境

区域活动是幼儿一种重要的自主活动形式，是根据幼儿发展需求和主题教育目标创设立体化育人环境。一般来说，幼儿园会根据空间大小或课程需要，将每个班级的活动室隔成若干个小型的区角。那么，什么样的区域环境是幼儿所喜欢的？什么样的区域环境有利于师幼互动的有效进行？

请学生以小组为单位，走访当地的一所幼儿园，参观不同年龄班的环境创设情况，并观摩小班/中班/大班幼儿的一日活动，然后根据幼儿在班级各个活动区开展活动的情况及幼儿的实际需求，选择一个活动区进行环境创设，并以PPT的形式总结梳理幼儿园班级活动区环境创设的要点。

【活动步骤】

（1）全班同学分成若干小组，每组3～5人，各组选出1名组长。

（2）各组搜集资料，了解当地的幼儿园有哪些，并列出各个幼儿园的特色。通过组内讨论，各组筛选出一所幼儿园进行走访。确定走访的幼儿园后，各组组长需要在一起进行沟通，尽量避免各组确定走访的幼儿园重复。

（3）各组组长联系幼儿园的负责人，沟通走访的相关事宜。其他成员准备走访的资料（如走访的目的、走访时需要记录的内容、班级活动区的设计要点等）、工具（如摄影机和摄像机）等。组长对各成员的走访任务进行分工。

（4）各组根据约定的时间前往目的地进行走访。各成员认真实施组长分配的任务，并做

好记录。参观时要注意礼貌，避免影响幼儿园的正常教学活动。

（5）各组讨论并确定想要设计的班级活动区，然后根据走访的结果进行环境创设。活动区的环境创设包括但不限于区域布局、地面设计、墙面设计、空间布置、材料投放等内容。所创设的环境要符合幼儿的审美，满足幼儿的需求，同时也要便于教师管理。各组的设计成果包括设计图纸（平面布局图、效果图）、区域设计模型等。

（6）整理班级活动区的创设要点，并制作PPT。

【活动交流】

（1）各组派代表在班级中汇报此次环创活动。

（2）各组自由讨论，交流心得感悟。

（3）每个成员总结此次采访活动。要求：① 总结收获及经验教训；② 写出自己未来在幼儿教师的工作岗位上开展幼儿园班级活动区环境创设工作的思路。

____

____

____

____

____

____

____

____

____

____

____

____

【综合评价】

请学生本人、小组成员、指导教师针对学生在本模块的实际学习成果进行评价，完成表4-1所示的学习成果评价表。

表4-1　学习成果评价表

班级		组号		日期			
姓名		学号		指导教师			
项目	评价内容			分值	自评	互评	师评
理论知识（30%）	能简要阐述幼儿园班级环境创设的原则和要点			5			
	能深入理解幼儿园班级环境创设的原则，并结合所学知识对班级活动区的环境进行合理创设			15			
	能简要阐述如何创设常见班级活动区的环境			10			
活动实施（40%）	积极参与课堂内外交流，认真做好实践活动准备			10			
	勤于实践，勇于创新，在活动中表现积极，能充分发挥个人作用			10			
	善于收集和发掘信息，在走访活动中能快速获取有效信息；能够发挥主动性，提出恰当的设计思路，且动手能力强			10			
	PPT结构合理，逻辑清晰，重点突出，图文并茂；汇报时表达流畅，且能吸引听众兴趣			10			
综合素养（30%）	具备自主学习意识和独立思考能力，能够利用课余时间主动复习功课，并针对有疑惑的地方主动到图书馆查阅资料或与同学和教师进行深入探讨			10			
	具备良好的团队合作精神，能够在课堂活动和实践活动中与他人相互协助、合作学习			10			
	具有一定的创新意识，遇到问题时能够积极思考并发散思维，尝试从不同角度思考问题，为团队提供解决问题的新思路和新方法			10			
总评	自评（20%）+互评（30%）+师评（50%）=						
自我评价							
教师评价							

模块五

环绕童趣，浸润童心——幼儿园主题活动环境创设

模块导读

主题活动是幼儿园课程的一部分，创设主题活动环境是实现教学目标的重要途径之一。一个有温度、有秩序的主题活动环境，能让幼儿喜欢上幼儿园，获得一种归属感和秩序感；一个色彩协调、有创意的主题活动环境，能让幼儿感受到生活的多姿多彩；一个融入幼儿思想、开放、留白的主题活动环境，能让幼儿主动参与其中，引发幼儿的奇思妙想，让幼儿真正成为环境的主人。

知识目标

- 了解幼儿园主题活动与环境创设之间的关系。
- 熟知幼儿园主题活动环境创设的基本步骤。
- 掌握幼儿园主题展示区和主题活动区的环境创设方法。

能力目标

- 能结合主题活动，创设符合幼儿发展需要且满足主题活动目标的环境。

素质目标

- 树立为幼儿服务、以幼儿为本的理念。
- 在与他人的合作中，提高团队协作能力。

一等奖主题环创——《我爱北京》

主题由来：《幼儿园教育指导纲要（试行）》指出，幼儿园应“充分利用社会资源，引导幼儿实际感受祖国文化的丰富与优秀，感受家乡的变化和发展，激发幼儿爱家乡、爱祖国的情感”。鉴于幼儿的兴趣及经验基础，确定这次主题活动为《我爱北京》。

主题脉络：本次主题活动分为4个部分，分别是“我爱北京天安门”“我爱北京老字号”“我爱北京风景美”“我爱北京我的家”。主题环境的主墙面（见图5-1）用天安门为底图，用华表、小燕风筝、和平鸽等点缀，凸显了北京的特色。

图5-1　主题环境的主墙面

我爱北京天安门

天安门是北京的代表性建筑，幼儿生活在北京，对天安门非常熟悉。老师鼓励幼儿把自己看到的、想到的天安门表达出来，又引导幼儿通过天安门上的红旗联想到祖国妈妈的生日，并带领幼儿通过各种形式给祖国妈妈过生日。幼儿的想法很多，有的想给祖国妈妈唱歌跳舞，有的想给祖国妈妈做蛋糕，还有的想给祖国妈妈送锦旗……

这部分也是此次主题活动的重点内容之一。幼儿园通过家园合作，给幼儿留了任务，让幼儿了解“十一大阅兵”的相关信息，并挑选自己喜欢的部分讲一讲。幼儿都非常积极，有介绍解放军叔叔英姿的，有介绍十一大花坛的，有介绍阅兵式上亮相的各种武器装备方队的，甚至还有介绍自己家鸽子参加了国庆放飞的……每个幼儿都提前了解了阅兵，因此在某个幼儿介绍十一大阅兵的时候，其他幼儿不只是简单地听，更多的是互动，会提出很多问题。

我爱北京老字号

这一部分主要从“食”“衣”两个方面进行探索。老师先从“食”入手，让幼儿说一说自己知道的老字号，找出大家平时常吃的老字号的食品，然后通过家园合作，让家长带着幼儿去品尝这些老字号的食物。砂锅居酸菜白肉、庆丰包子、全聚德烤鸭、稻香村糕点……在亲自品尝后，幼儿对北京老字号的食物也能如数家珍。

为了让幼儿了解北京老字号中“衣”的部分，老师“身穿瑞福祥，头顶马浚源，脚踩内联升”，向幼儿一一介绍。老师还列举了一些介绍北京老字号的节目，让幼儿通过看这些节目，感受老北京手艺人的工匠精神，体会老字号的精神内核。之后，幼儿将自己了解到的北京老字号都呈现在了主题墙上，如图5-2所示。

我爱北京风景美

老师们没有选择大家熟知的长城、颐和园，而是选择了北京的中轴线开展活动，北京是一座中轴线上的城市，老师带领幼儿寻找北京中轴线上从南到北的所有建筑——最南端是永定门，依次是前门牌楼、正阳门、天安门、太和殿、中和殿、保和殿，然后是景山的万春亭、鼓楼，最北端是中轴线延长线上的鸟巢和水立方。在这个过程中，老师带领幼儿通过多种方式了解这些中轴线上的建筑。例如，在制作鸟巢和水立方模型时，幼儿有了几何形体的概念，知道鸟巢是圆的，水立方是方的，知道了设计者在设计时融入了天圆地方的理念。在老师的讲解下，幼儿还知道了鸟巢和水立方一开始是用来举办奥运会的，现在则变成了举办比赛和演出的场地，是市民娱乐的好去处。

最后，幼儿将北京中轴线上的建筑呈现在了主题墙上，如图5-3所示。

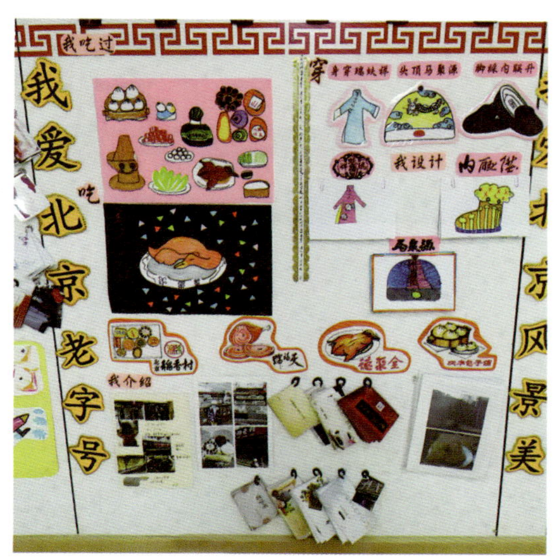

图5-2 “我爱北京老字号”主题墙饰

图5-3 “我爱北京风景美”主题墙饰

我爱北京我的家

首先，老师让幼儿回家询问爸爸妈妈、爷爷奶奶，他们小时候的游戏有哪些（如跳房子、躲猫猫、踢毽子、滚铁环、拔老根等）、是怎么玩的。通过询问，幼儿知道了一些传统游戏的玩法，了解了爸爸妈妈、爷爷奶奶的童年时光，与家人的感情更深厚了。其次，老师让幼儿投票选择自己喜欢玩的传统游戏，并带领他们在幼儿园开展这些游戏。最后，老师围绕家园环境这一主题，给幼儿讲述了保护环境的重要性，并通过“垃圾分类”活动让幼儿学会保护家园环境。主题墙中的这一部分被设计成可以操作互动的墙饰，幼儿可以从小盒子里拿“垃圾”，然后分类放到对应的“垃圾箱”里。“垃圾箱”的底部是透明的，幼儿可以看到里面的“垃圾”，也可以把“垃圾”从下面拿出来，如图5-4所示。

图5-4 “我爱北京我的家”主题墙饰

（资料来源：北京市东城区东四五条幼儿园，《一等奖主题环创》，当代学前教育网，2021年3月16日）

思考与探究：

（1）幼儿园主题活动与环境创设之间的关系是什么？

（2）怎样引导幼儿积极参与主题活动环境的创设？

探索一　认识幼儿园主题活动及其环境创设

一　幼儿园主题活动及其特点

幼儿园主题活动（见图5-5）是指在一定时间内，围绕具有一定关联且贴近幼儿生活的某一中心内容（即主题）来组织的教育教学活动。主题活动在内容上包括健康、语言、社会、科学、艺术等学科领域，涉及幼儿的情感、态度、能力、知识、技能等方面的发展。在主题活动中，教师通常会根据主题确定活动内容，创设相应的教学环境，并组织开展一系列教育教学活动，从而帮助幼儿获得与主题有关的较为完整的知识和经验。

图5-5 幼儿园主题活动

具体来说，幼儿园主题活动有以下特点。

（一）紧密关联多个学科领域

主题活动的内容通常是一个问题或事件，如"食物""春天"等，这些内容通常涉及多个领域。主题活动打破了各学科领域之间的界限，把各学科领域的学习活动有机地联系起来，能够让幼儿在活动中获得较为完整的生活经验。

需要说明的是，各领域的学习内容在主题活动中的比重并不均等，某一主题活动在内容上并不一定涉及所有的领域，而是会因主题自身特点、可利用资源、幼儿发展水平与表现等因素的影响而有所侧重。

（二）系统协调各个要素

主题活动的顺利开展离不开以下要素：① 教育的主体——幼儿；② 具有一定知识储备和教学经验的教师；③ 与幼儿的需要、生活及已有经验接轨的具有价值的主题；④ 幼儿园提供的必要的教育资源和环境；⑤ 符合主题要求、有一定联系的活动材料。主题活动是否能达到目标，取决于各要素之间的协调，缺失任何一个要素，主题活动都无法有效开展。

幼儿园主题活动开展的要素

（三）动态生成目标与内容

从目标上看，主题活动不会局限于初始预设的目标上，而是会以初始预设的目标为基础，根据主题活动中的情景不断生成符合主题的目标，预设目标与生成目标共同构成主题活动的目标体系。这就要求教师在预设主题活动目标时，不做硬性的、细致的规定，而是要为生成目标留下一定的空间。可以说，主题活动目标的动态生成为充分发挥幼儿的主体性和教师的创造性提供了可能。

从活动内容上看，教师会随着主题活动内容的变化及时捕捉幼儿与主题情景互动时生成的资源，并不断建构符合主题的新内容。也就是说，主题活动的内容是教师与幼儿在主题活动中共同建构、不断创造的结果，是生成性的。

常见的主题

总的来说，主题活动的目标和内容不是一成不变的，教师要细致考虑与主题相关的各种可能的活动和学习内容，在开展主题活动的过程中随时捕捉有用的信息，并及时做出调整。

二　环境创设对幼儿园主题活动的重要性

环境为主题活动而创设，主题活动需要环境的支持才能更深入地开展。具体来说，环境创设对幼儿园主题活动的重要性主要体现在以下几个方面。

首先，环境创设为主题活动提供丰富的背景，引导幼儿学习和实践。主题活动通常需要一个特定的背景来增强幼儿的体验和感受。环境创设可以通过布置主题墙、投放丰富多样的活动材料、装饰活动教室等方式，为主题活动营造各种氛围，并激发幼儿的好奇心和学习兴趣。幼儿可以在这种具有教育意义的环境中完成各种活动，并通过自主选择环境中的材料积极地探索，从而在主题活动中提升相应的能力与经验。

其次，环境创设可以增强主题活动的互动性和趣味性。环境创设可以通过各种创意和巧思，为主题活动增加互动性和趣味性。例如，在探险主题活动中，教师和幼儿一起制作了各种“宝藏”，然后将这些宝藏藏起来，让幼儿通过“寻宝”寻找符合描述的物品；在动物主题活动中，教师设置动物造型的拍照墙和趣味动物迷宫，让幼儿在拍照和探险中感受主题活动的魅力；等等。

最后，环境可以帮助主题活动实现幼儿与教师之间的良性互动。在主题活动中，教师让幼儿亲自动手、亲自体验，鼓励幼儿主动探索环境，并为幼儿提供必要的指导，能够使幼儿真正成为推动主题活动展开的主人。幼儿通过对环境的观察和探索，能够提高对主题活动的兴趣，发现许多有趣的现象并不断积累知识和经验。此外，教师通过观察幼儿在主题活动中的表现，可以检验所设置的主题环境是否能够引起幼儿兴趣，是否符合幼儿当前的发展水平，并在幼儿与环境的互动中发现问题，从而进一步完善主题活动内容。这种良好的活动氛围能够唤起幼儿主动学习与探究的欲望，帮助幼儿与幼儿之间、幼儿与教师之间建立良好的关系。

探索二 熟知幼儿园主题活动环境创设的基本步骤

环境创设不是一朝一夕的工作，它随着主题活动的展开逐渐发展和完善，并自始至终地贯穿整个主题，是教师和幼儿集体智慧的结晶。创设高质量的主题活动环境是一个复杂而漫长的过程，教师在创设主题活动环境时，一般需要经过以下几个步骤。

一 明确主题活动的目标和内容

主题活动的目标和内容是环境创设的内在依据，环境创设是主题活动的目标和内容的外在体现，只有创设与主题活动相适应的环境，才能充分发挥环境的教育功能，为幼儿提供良好的教育氛围和发展契机。因此，在创设主题活动环境时，教师应先明确主题活动的目标和内容，再据此进行环境创设。

幼儿园小中大班主题活动环境创设层次解析

经典案例

在小班“我是谁”主题活动中，教师初步确立了以下几个活动目标：①明白自己是一个独特的个体；②树立健康的自我形象；③能主动表达自己的感受；④能接纳自己，进而接纳他人。

从领域的角度看，这一主题活动主要涉及健康、社会和语言三个领域，教师综合考虑各种因素，根据小班幼儿的实际情况，从以下几个方面创设了环境：①让幼儿父母提供幼儿的照片，或者让幼儿画出自己的形象，挂在展示区内；②准备录音机，录下幼儿在活动中的声音，让幼儿辨认自己和他人的声音；③提供一个全身镜，让幼儿认识自己的身体和动作；④让幼儿画出自己的手掌和脚掌，并与他人的手掌和脚掌进行比较；⑤让幼儿用画画来表达自己的情绪，并设置每天的情绪展示墙。

二 初步创设主题活动环境

（一）主题网络图的展开

在幼儿园教学实践活动中，受教育理念与教师实践经验等因素的影响，主题活动环境的创设与展示的方式是多种多样的。一般来说，主题活动环境的创设与展示都是教师根据活动需要，在一定的主题网络图的基础上创设的。

主题网络图（见图5-6）是指将与主题有关的知识经验或概念经过归纳、整理，使之建立某种联系，并用网状的形式将其直观、形象地呈现出来的一种设计形式。主题网络图可以帮助教师厘清思路，明白主题活动需要从哪里开始，到哪里结束，从而制订更符合幼儿实际情况并具有实际意义的活动规划，进而根据活动规划创设相应的主题环境。

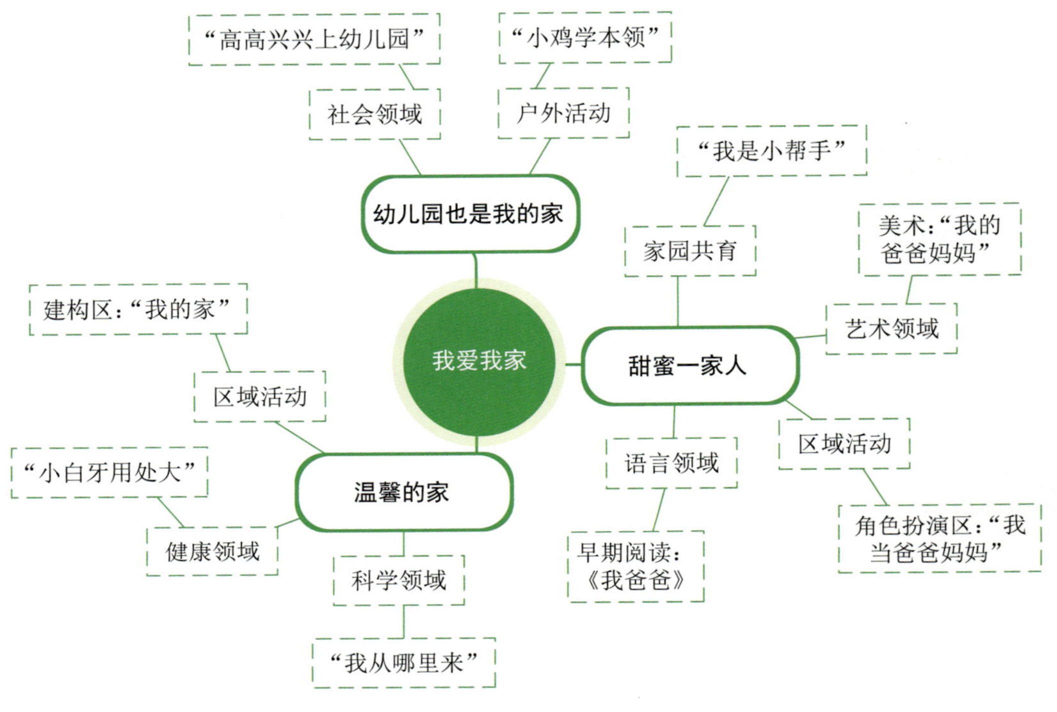

图5-6　主题网络图

创设主题活动环境之前，教师应明确环境创设需要围绕哪些活动内容展开。教师可以充分调动相关知识经验，尽可能地围绕主题展开联想，将头脑中出现的与主题有关的内容记录下来，并根据初步确立的活动目标和所拥有的材料等情况对这些内容进行筛选，然后将这些内容组成一个主题活动体系，使之成为一个展开的主题网络。具体来说，主题网络图的展开方式有以下几种。

1. 分层次展开

分层次展开是指将主题活动按照不同的层次逐层展开。教师可以先将主题按照知识结构分成几个小主题，然后将小主题细分为几个子主题，根据这些子主题的内容来设计相关活动并创设环境。这种方法具有很强的整合性，涵盖面比较广，能帮助教师厘清逻辑关系，易拓展和生成活动内容，不受学科或领域的限制；缺点是在活动展开过程中难以突出活动重点。

经典案例

在“小种子大世界”主题活动中，教师可以先根据种子的相关知识列出小主题，如“种子的外形”“种子的散播”“种子如何变成植物”“种子对人类的功用”等，然后将每个小主题细分。例如，“种子如何变成植物”这个小主题可以细分成“种子的内部构造”“种子如何萌发”等子主题。有了子主题之后，教师可以根据每个子主题的内容设计不同领域的活动并创设相应的环境。例如，为了支持幼儿研究种子的内部结构，教师可以组织幼儿开展科学活动，在主题墙上设置专门的区域讲解种子的用途，带领幼儿寻找种子并用放大镜观察种子；教师还可以组织幼儿开展美术活动，给幼儿发放笔、纸、剪刀等材料，让幼儿将种子的结构画出来，或者运用自己学到的知识制作手工艺品；等等。图5-7所示为“小种子大世界”主题网络图。

小种子大世界

- 种子的外形
  - 野外采集种子
  - 用放大镜观察种子外形
  - 种子展示与讨论活动
  - 种子分类配对、计数
  - 种子造型活动
- 种子的散播（生命传送）
  - 野外采集与散播种子
    - 鬼针草
    - 蒲公英
    - 非洲凤仙
  - 阅读《小种子》图画书
  - 律动表现：种子散播方式
  - 绘画：小种子一生的故事
- 种子如何变成植物（生命延续）
  - 种子的内部构造
    - 放大镜观察种子内部构造
    - 绘画：种子内部的奥秘
  - 种子如何萌发
    - 测量记录：种子生长情形
    - 绘画：种子生长情形
    - 律动表现：种子生长情形
    - 种植活动与观察
    - 种子与母株配对
    - 关于种子萌发条件的实验活动
      - 空气
      - 水
      - 阳光
      - 土壤
      - 温暖
- 种子对人类的功用
  - 制造手摇乐器
  - 种子饰物制作
  - 种子试吃活动
  - 食用种子展示与讨论活动
  - 烹饪活动

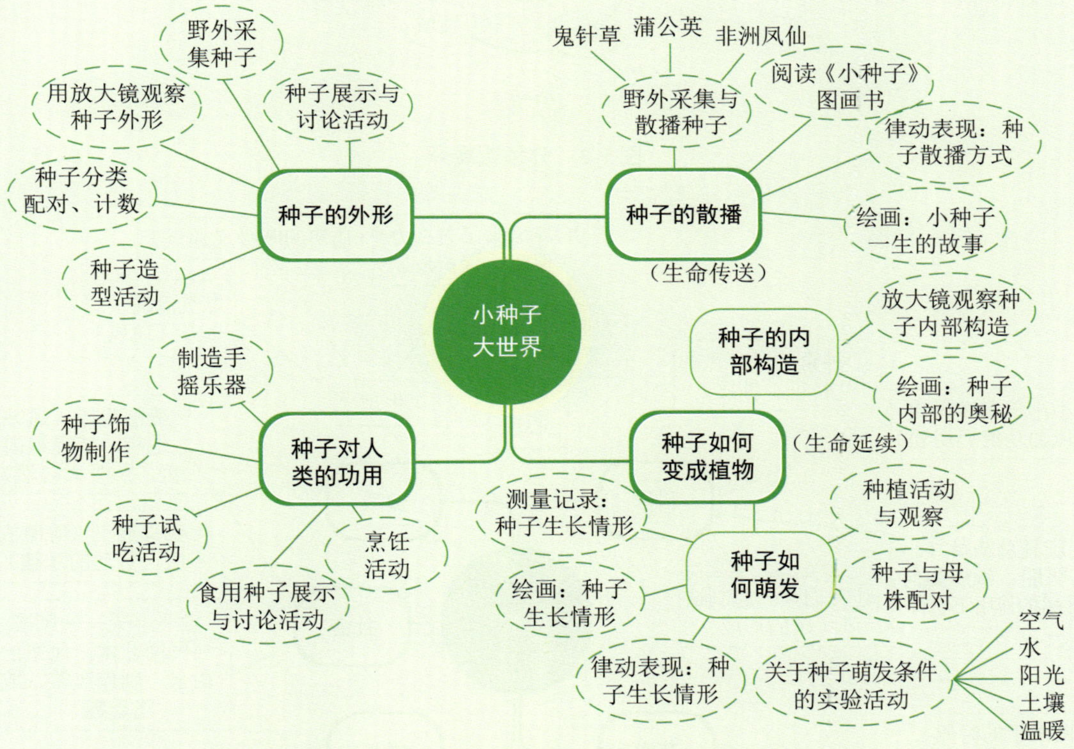

图5-7 “小种子大世界”主题网络图

2. 分领域展开

分领域展开是指将五大领域与主题网络结合起来，从“每个领域可以对主题探究起到什么作用”的教学视角设计主题网络图的展开方式，如图5-8所示。应注意的是，一个主题活

动可能会涉及五大领域，也可能只涉及其中的几个领域，这主要取决于教师对主题活动的理解和驾驭。

例如，“风”这一主题活动涉及科学、语言、健康、艺术、社会五大领域，教师根据本班幼儿的年龄和兴趣特点，以及五大领域的教育目标设计了各项活动，并编制了主题网络图，如图5-9所示。

图5-8 分领域展开

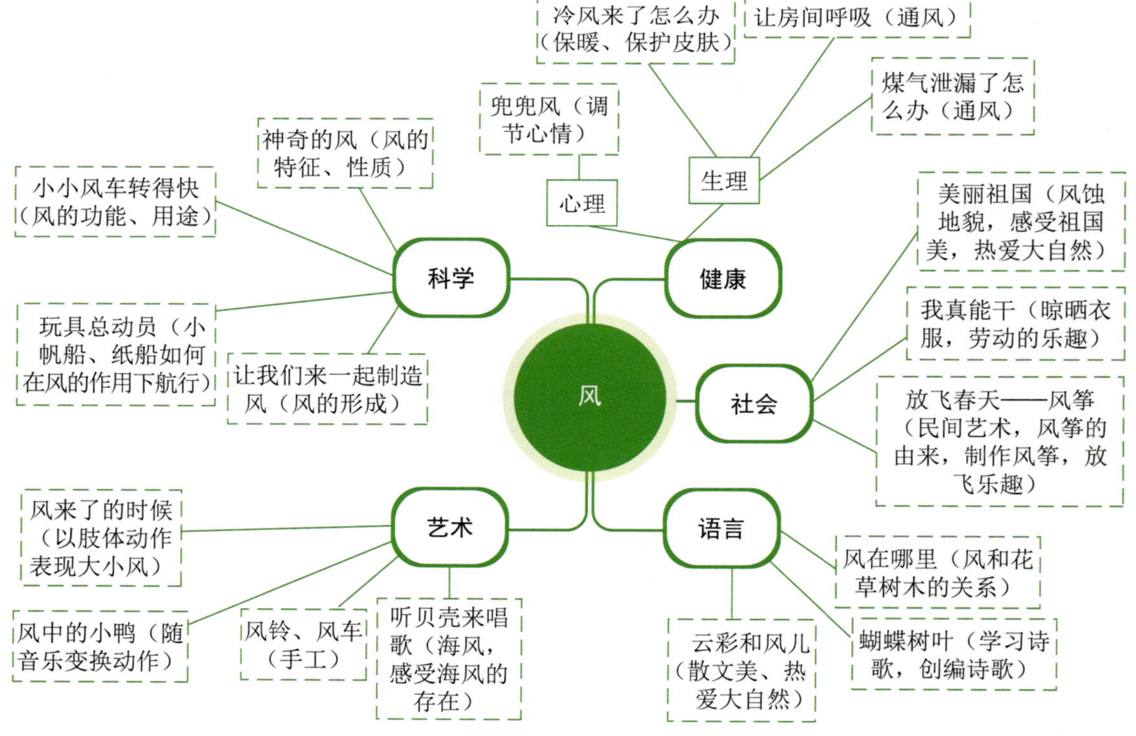

图5-9 “风”的主题网络图

3．根据联想关键词展开

教师可以尽可能联想出与主题相关的关键词，为其分组并编写标题，再用放射性短线连接各个分组的标题，从而形成主题网络图。例如，在主题活动“购物”中，教师先由购物联想到超市、药店、花店、食品、日用品、价格、橱窗、购物袋、顾客、收银机、收据等关键词，然后将关键词分为“商店员工”“顾客”“钱”“商品的生产”“商店种类”5个组，再将5个组细分若干小组，并附上子标题。最后，从主题向外绘制放射性短线，直至将所有小组连接完成。就这样，一份提纲式的主题网络图就形成了。

应注意的是，教师在主题网络图中制定的目标和选择的内容具有一定的灵活性。初步建立的主题网络图并不是不可改变的，也不是一定要全部完成的，这是因为教师应在教学过程中根据幼儿的兴趣和活动需要，不断生成新的目标和内容，并且主题网络图中预设的活动目标和活动内容可能会由于幼儿缺乏某方面的经验或对其不感兴趣而被舍弃。

（二）材料的选择和投放

根据主题网络图选择环境创设材料是确保主题活动环境能够充分反映主题内容、激发幼儿兴趣并促进他们发展的重要环节。教师应根据主题网络图中的核心主题和各个子主题，确定需要哪些类型的材料来支持幼儿的学习和探索，并在此过程中考虑材料的多样性、可操作性。教师应尽量选择类型丰富、便于幼儿操作和探索的材料，所选材料应适合幼儿的年龄和发展水平，符合安全标准，无毒、无害、易于清洁，并且最好是可回收、可再利用或环保的材料。

在主题活动中，幼儿如何参与活动、如何对主题活动进行探究、采取何种学习方式，都对主题活动的环境创设有着不同的要求。教师在投放材料时，应参考幼儿的活动方式。如果幼儿是在教师有目的的引导下参与主题活动，则环境中投放材料的种类、数量是比较稳定的。如果幼儿在主题活动中自主发挥的机会比较多，教师在创设环境时则需要在基本配置的基础上，随时按照幼儿探究的进展和状况补充材料，以便为幼儿发挥想象力和实现想法提供支持。

（三）空间的布局和规划

主题活动的空间主要包括室外空间与室内空间，教师应根据主题活动内容的变化，对这些空间进行相应的规划。

（1）有效利用室外空间。室外空间包括楼梯间、教室之间的走廊、操场等区域。室外空间的布置比较灵活，教师应依据主题网络中各活动涉及的室外空间，在相应的区域内布置符合主题活动目标和内容，并且能够吸引幼儿的图画、实物、展示品、活动器材等，为幼儿创造一个可以随时探索的环境。

（2）合理规划室内空间。一般来说，教师应在教室中设置主题展示区和主题活动区，依据主题网络图的设计和幼儿的学习方式考虑如何装饰教室中的立柱、墙面、窗户、地板等固定装置，以及阅读区、表演区、建构区、积木区和美工区等活动区。此外，由于每个主题活动所涉及的活动区不同，教师需要根据主题活动的需要开放相应的活动区，并依据活动进展在相应的区域内投放与主题有关的材料，以便让幼儿主动进行探索、观察和游戏。

例如，在主题活动“海底总动员”中，教师用各种各样的贝壳把教室和周围的走廊布置成一个光怪陆离的“海底世界”，从屋顶到墙壁，到处都是各种各样的海底生物。在这种仿真的环境中，幼儿探索海底奥秘的积极性大为提高，每天都在积极地提出自己的问题，并主动在环境中进行探索，还会将自己动手制作的各种海洋生物放置其中。

三　评估与调整主题活动环境

在初步创设主题活动环境后，教师应对环境进行评估。教师应观察幼儿对环境的反应和参与程度，了解环境创设是否达到了预期效果，然后，教师应根据出现的问题和幼儿的表现等情况，对环境进行必要的调整和优化，以便让环境更好地满足幼儿的需求和发展。同时，在评估和调整主题活动环境的过程中，教师还应重点考虑以下几个方面的因素。

（一）幼儿的兴趣和需求

教师应密切关注幼儿对主题活动的兴趣和参与度，以及他们在环境中的互动情况。如果幼儿对某个活动表现出浓厚的兴趣，教师可以考虑增加相关材料，以便引导幼儿充分探索；相反，如果幼儿对某个活动兴趣不高，教师应认真寻找原因，及时调整或更换幼儿不感兴趣的材料。

（二）环境之间的关联

为了更好地达成主题活动目标，教师在创设主题活动环境时，应尽量把构建起来的活动物化在主题墙上或活动区中，并想办法在主题网络中的活动与活动之间建立一定的环境上的联系。这种联系可以是材料上的联系、内容上的联系或情景上的联系。

例如，在“彩色世界”主题活动中，教师先组织开展了“大自然中的颜色”活动，并在主题墙上制作了“颜色大搜索”专题区，让幼儿根据颜色取放相应的图片。然后，教师组织开展了“色彩大变身”活动，让幼儿了解三原色及其各种变化，并利用三原色给图片涂色。最后，教师让幼儿将涂好颜色的图片放到相应的“颜色大搜索”专题区。在这个过程中，幼儿对颜色的理解不断深入，并在不同活动之间的迁移学习中获得了乐趣。

（三）环境的教育性、安全性和舒适性

教师应评估环境是否能够有效地促进幼儿的学习和发展，活动中的材料、室内和室外的布置是否促进了幼儿认知、情感、社会和身体等多方面的发展。教师应定期检查环境中的设施和材料是否安全、卫生，是否会对幼儿造成伤害或引发疾病。如果发现环境中存在安全隐患或卫生问题，教师应立即采取措施进行整改，以确保幼儿的健康和安全。教师还应评估环境是否美观、舒适，是否符合幼儿的审美需求，是否可以让幼儿放松地探索。

探索三 创设幼儿园主题展示区与主题活动区的环境

主题展示区和主题活动区的环境创设是主题活动环境创设的重要组成部分，它们形成了一个有机整体，能更好地支持主题活动的开展。主题展示区为幼儿提供了一个丰富多样的学习环境，幼儿可以通过观察和探索来了解主题的相关知识。同时，主题展示区还给幼儿提供了展示作品和分享成果的机会，能帮助幼儿在充满趣味和情感体验的氛围中，积极参与学习，探索世界。主题活动区需要依据主题目标和内容、幼儿的兴趣和发展需要，以及主题活动的发展进程进行创设，并与主题展示区的环境相协调，主题活动区中各区角的材料应紧密围绕主题活动投放，从而更好地促进幼儿对主题活动的探究。

一 主题展示区的环境创设

主题展示区是指在主题活动中，专门设置的一个用于展示主题活动的基本脉络、记录幼儿学习活动的区域。主题展示区环境创设的目的是为主题活动中幼儿与环境、幼儿与教师、幼儿与幼儿之间的交流提供一个桥梁，促进主题活动的不断丰富和深化，为幼儿的学习与探究营造一种良好的氛围。

（一）主题展示区环境创设的整体思路

主题展示区要引领主题，渲染主题氛围，展示主题活动的内容、发展脉络、相关信息及幼儿的作品等。

主题墙（见图5-10）是主题展示区环境创设的核心部分。主题墙是指在幼儿园各班级教室中，以各类教育内容为主题的一面墙壁，通常会因主题活动的变化而不断更换。当幼儿置身于主题墙周围时，墙面环境如同一位“不说话的教师”，潜移默化地传递着主题活动的信息。因此，主题墙应紧紧围绕主题活动的教育目标和教学内容进行布置，主题鲜明、突出，并与教室整体的设计风格相互呼应、相互协调。

交通安全主题墙

光与影主题墙

图5-10 主题墙

在布置主题墙的过程中，教师可以先构思主题墙的布局并创作主题墙的大背景，然后利用幼儿在主题活动中收集和创设的图画、符号、实物等逐渐丰富主题墙的内容，从而与幼儿共同完成主题墙的创设。主题墙的装饰材料和形式没有限制，教师可以与幼儿一起发挥想象力，创设形式多样、内容丰富的主题墙（见图5-11）。

图5-11 形式多样、内容丰富的主题墙

小贴士

主题展示区是整个主题活动环境创设的指引，系统地呈现了主题活动的内容体系，但主题展示区并不是一开始就定型的，主题展示区中呈现的内容也不是教师在活动之初就完全预设好的，而是教师根据主题的展开程度与幼儿共同建构起来的。这就要求教师既要在与幼儿的互动中深入了解幼儿对活动的认识和看法，又要仔细观察幼儿在活动中的表现、兴趣等方面的信息，及时调整和丰富主题墙的内容，以便在主题活动结束时构建出一个内容丰富、布局独特的主题展示区。

（二）主题展示区环境创设的基本要求

在主题展示区环境创设的过程中，教师应注意以下几个方面。

1．提高幼儿的参与度

在进行主题展示区环境创设时，教师应重点考虑幼儿是否能够参与到创设中。

首先，在表现形式上，教师要尽可能多地使用图片和实物，如图5-12所示。因为对幼儿来说，图片和实物不仅可以让幼儿直观、生动地了解主题知识，符合幼儿的年龄特征和兴趣需要，还容易被幼儿搜集和制作。幼儿用自己搜集、制作的图片和实物装饰主题墙，可以获得更多的参与感，从而更加积极地融入主题活动中。

图5-12 “印象中国”主题墙

其次，对于主题墙的高度，教师可以依据墙壁高度将其分为幼儿操作部分、师幼共同操作部分和教师利用部分。其中，幼儿操作部分高度为120厘米以下，是幼儿伸手可及的部分；师幼共同操作部分的高度为60～150厘米之间，是幼儿和教师可以共同参与创设的部分；教师利用部分高度为150厘米以上，是幼儿无法触及，需要教师独立完成创设的部分。

最后，在主题展示区环境创设的过程中，教师应尽量发挥引导作用，有目的、有计划地组织幼儿参与设计，并启发和鼓励幼儿动手操作，使幼儿真正成为环境创设的主体。如果主题活动的环境创设一直由教师主导，就无法实现幼儿与环境的有效互动，使环境失去了教育和促进幼儿发展的价值。

经典案例

在主题活动“服装”中，教师带领大班幼儿一起讨论主题墙如何布置，幼儿积极发表自己的看法，有的说：“在墙上布置一个时装店，店里挂满我们自己设计的漂亮衣服。”有的说：“可以画一个大大的太阳，太阳下面有一个晾衣杆，晒着各种漂亮的衣服。”还有的说：“画一条繁华的街道，给来往的行人穿上不同的衣服。”……

最后，在教师的帮助下，大家达成了一致意见：将主题墙分成两部分，一部分布置一个“娃娃时装店”，挂上幼儿设计的各种各样的“衣服”；另一部分布置成一个换装游戏场景，幼儿可以在这里根据不同的场合为娃娃换装。

2. 合理利用空间

很多幼儿园的教室并不宽敞，可以有效利用的墙面也是有限的。另外，室内设置的众多活动区和材料储物柜占据了大量空间，甚至会占据有限的主题墙面。这就需要教师在创设主题展示区环境时，充分挖掘与合理利用空间。

很多教师在创设主题展示区环境时表现手法单一、对空间的利用率较低，他们只是简单地往墙面上粘贴纸质作品或图片，使主题展示区在整体上显得非常单调。同时，随着主题活动内容的不断扩展和幼儿作品的不断增多，用这种方式创设的主题展示区会逐渐出现使用空间紧张的情况。其实，教师可以跳出固有思维，拓展主题墙周围的空间，用多样的表现手法立体化地创设主题展示区，如图5-13所示。

图5-13　立体化的主题展示区

例如，教师可以在墙面上固定一些木制的架子，摆上一些无法粘贴在墙上的实物和幼儿作品；在教室的天花板上固定一些丝带，悬挂各种装饰物或幼儿实物作品；在主题墙上配置多层的柜子，用其储存大量的实物和不能粘贴的作品；等等。这种多样化的表现手法不仅可以改变主题展示区过于单调和墙面空间不足的状况，还丰富了主题展示区的作品形式，增强了主题展示区的趣味性和吸引力。

3. 不断充实环境

主题展示区要引领主题、渲染主题氛围，展示主题活动的内容、发展脉络、相关信息资料及幼儿的作品等，这就需要主题展示区的环境伴随主题活动的展开而逐步丰富。同时，随着活动情景和操作材料的变化，幼儿在主题探究的过程中，也会产生许多新的兴趣点，教师应善于观察，及时捕捉有价值的要素，根据活动的实际需要、幼儿的探究状况调整和充实主题展示区的内容，以便为主题活动提供环境支持。

例如，在“交通工具”主题活动中，教师在活动室里用各种积木搭了一条路，设置了十字路口，让幼儿玩开汽车的游戏。在游戏过程中，幼儿们经常发生撞车事件，便提出了“汽车开累了停在哪里？”“撞车后，人受伤了怎么办？”“怎样才能避免撞车？”等问题。于是，为了帮助幼儿探索解决问题的方法，教师和幼儿一起讨论，逐渐在路上增加了小警察的角色，以及红绿灯、停车场、医院等标记，还根据新增加的内容带领幼儿开展了认识交通规则的活动。

二 主题活动区的环境创设

主题活动区是指与主题活动相对应的活动区域。在主题活动环境创设中，主题活动区的环境创设是非常重要的，因为幼儿在主题活动中的表现、小组活动的质量，以及主题展示区中展示的幼儿作品在很大程度上都依赖于幼儿在活动区中的探索和任务完成情况。

小贴士

主题活动区环境与区角环境最大的区别是主题活动区的环境需要与主题活动高度融合，主题活动区环境创设的目标、材料、内容都在主题中诞生、发展、结束，并与主题活动的其他内容形成一个有机整体。而单纯的区角活动独立性更强，与主题活动的融合度较低。

主题活动区环境与区角环境的区别

教师可以将主题活动的内容融合在区域活动中，创设自由、开放，并且与主题活动相关的区域环境让幼儿探索。这样做既能满足幼儿的活动欲望，又能增长幼儿的相关知识经验。在创设主题活动区的环境时，教师可以参考以下几个方面的内容。

（一）主题活动区环境创设的步骤

主题活动区的环境应突出主题活动的学习要求，紧紧围绕主题活动投放材料，使幼儿能根据主题活动中学到的知识经验探索主题活动区，从而在主题活动、主题展示区和将要进行的区域活动之间建立联系。

教师应根据主题来规划和布置主题活动区。具体来说，教师在创设主题活动区的环境时，可以采取以下步骤。

1．规划区域类型

教师应对主题内容进行深入分析，了解其中涉及的知识点、技能点，并根据这些知识点和技能点规划可以开展的区域活动类型。例如，在关于自然的主题活动中，教师可以设置植物观察区、动物饲养区、手工制作区等。

2．投放适宜材料

教师结合主题活动的内容和每个区域的特点投放相关材料，以便幼儿在自由探索中潜移默化地增长相关知识和技能。例如，在关于自然的主题活动中，教师在植物观察区投放了放大镜、记录本等材料，让幼儿观察并记录植物的生长情况。

3．设置挑战任务

教师在每个区域内设置与主题相关的挑战任务，激发幼儿的学习兴趣，促进他们积极探索。同时，挑战任务应符合幼儿的发展特点且难度适中。

4．定期更新和调整

随着主题活动的深入进行，教师应定期更新和调整每个区域的布局、材料投放及任务设置，确保主题活动区始终保持着新鲜感和吸引力。

经典案例

教师在开展“过大年”主题活动时，预设了该活动的主题目标。

（1）认知目标：以“过大年”为主线，将礼仪、风俗、民间艺术等融入其中，让幼儿通过参与本活动知道春节是中国最重要的节日之一，是中国人家庭团聚的日子。

（2）情感目标：通过了解春节习俗，激发幼儿对中华民族传统文化的热爱。

（3）技能目标：通过区域活动的创设，提高幼儿的动手能力及创造力。

首先，教师根据主题活动的认知目标预设了语言区和益智区，根据情感目标和技能目标预设了美工区和生活区。然后，教师围绕活动目标，为各个区域设计了若干任务。最后，教师根据预设的相关任务，与幼儿共同在语言区投放了与过年有关的图书、画册，春节主题的海报和人们欢度春节的图片，用春节期间拍摄的照片制成的相册等材料；在益智区投放了师生收集的各种“年历”；在美工区投放了各种美工用具，剪纸、窗花、鞭炮、中国结等制作示意图和作品等；在生活区设置了一个过年的情景，提供了各种生活用品和厨房用具，幼儿可以根据需要布置房间、打扫屋子迎新年，也可以做许多好吃的；等等。

（二）主题活动区的调整

1. 材料的更新和增补

（1）同一主题活动中材料的更新和增补。

虽然在主题活动初期，教师在主题活动区准备了相应的材料，但是这些材料并不能一直满足幼儿的探索需要。教师需要根据主题活动的进展和幼儿的探索进度，逐步、有间隔地更新和增补材料。

此外，主题活动区中材料的更新和增补也不是教师一个人的工作，而是需要教师引导幼儿参与其中。这些更新和增补的材料，可以是教师根据观察到的幼儿活动状况主动为幼儿提供的，也可以是幼儿在活动中自己收集的。

经典案例

在“花”的主题活动中，教师组织幼儿初步认识了花，并在区域中投放了一些与花有关的材料。幼儿在集体活动后，各自开展了一些区域活动——有的在美工区围绕“花”进行绘画，有的在给同伴讲解花的结构……

当发现美工区的幼儿在纸上画了一些简单的花就失去兴趣时，教师便组织幼儿就如何用多种表现手法制作花、可以用哪些材料制作花等方面进行讨论，并带领幼儿开展集体活动，如用撕纸的方式来制作花、在玻璃瓶上绘制花等，帮助幼儿丰富了制作花的经验。在此基础上，教师又在阅读区有针对性地投放了介绍花的不同制作方法的图书，在美工区投放了更多种类的材料，引导幼儿开展更复杂的关于“花”的活动。

（2）不同主题活动中材料的更新和增补。

随着不同主题的生成和更换，主题活动区的材料也要进行调整。具体来说，主题活动区中材料的调整方式主要有重新整合式和自然过渡式两种。

重新整合式。在主题活动区中，每个区域都投放了丰富多样的材料，并且每种材料都有多种操作方法，蕴含着丰富的教育价值。这些活动材料与幼儿的互动呈现出多层次、递进性的特点，对幼儿具有挑战性的同时又极具吸引力。因此，在更换主题时，教师不能简单地对这类材料搞“一刀切”，而应充分考虑每个材料的教育价值和功能，重新整合这些材料，合理利用这些材料创设新的主题活动区，让这些材料在下一个主题活动中焕发生命力，提高资源利用率。

自然过渡式。有时，前后开展的几个主题活动之间存在一定的联系，如主题经验相似、操作材料可以共享、操作技能具有传递性等，这就使得很多材料能够在多个主题活动中使用。教师应善于寻找和利用主题活动之间的联系，深入挖掘材料本身具有的各种价值，尽量使原有材料展现出符合新主题的特性并引导幼儿进行了解，以便使原有材料自然运用在新的主题活动区中，真正做到物尽其用。

例如，在开展“惊奇一线”主题活动时，教师在活动区投放了毛线、丝线、电线、尼龙线和钓鱼线等各种各样的线，幼儿在区域中可以用线制作线条画、用线编手链。随着“梦幻西游”主题活动的悄然而至，教师与幼儿一起用这些线结成了一个蜘蛛网，将此区域布置成神奇诡秘的“盘丝洞”，实现了两个主题的自然衔接、巧妙过渡。

2. 区域布局的调整

教师可以根据主题活动目标和活动内容的变化，对区域布局进行相应的调整。教师还可以仔细观察幼儿的兴趣和偏好，根据他们的需求对区域布局进行调整。例如，如果发现幼儿对某个区域特别感兴趣，可以增加该区域的材料和活动，以满足他们的探索欲望。

在调整主题活动区域布局时，教师还需要注意以下几点。

（1）确保安全。教师在调整布局时，应考虑幼儿的安全问题，确保每个区域都符合安全要求，避免发生意外事故。

（2）便于管理。区域布局的调整应便于教师进行管理和指导。

（3）促进互动。教师在调整布局时，要重点考虑活动区对幼儿互动与合作的影响，尽量设置互动性强的活动任务，以便为幼儿提供更多的交流与合作机会。

经典案例

下面是某教师从选择主题到创设主题活动环境的过程。

1. 主题由来

天气与幼儿的生活息息相关，它每天都发生着变化。大班幼儿对天气变化产生了巨大的兴趣，充满了探索欲望。为了鼓励幼儿主动探索天气变化的原因、规律，以及天气与人之间的关系，教师设计了“天气”主题活动。

2. 主题网络图

这个主题涉及社会、健康、语言、科学、艺术5个领域，教师根据主题和幼儿发展特点设置了各领域的目标和活动，然后编制了主题网络图，如图5-14所示。

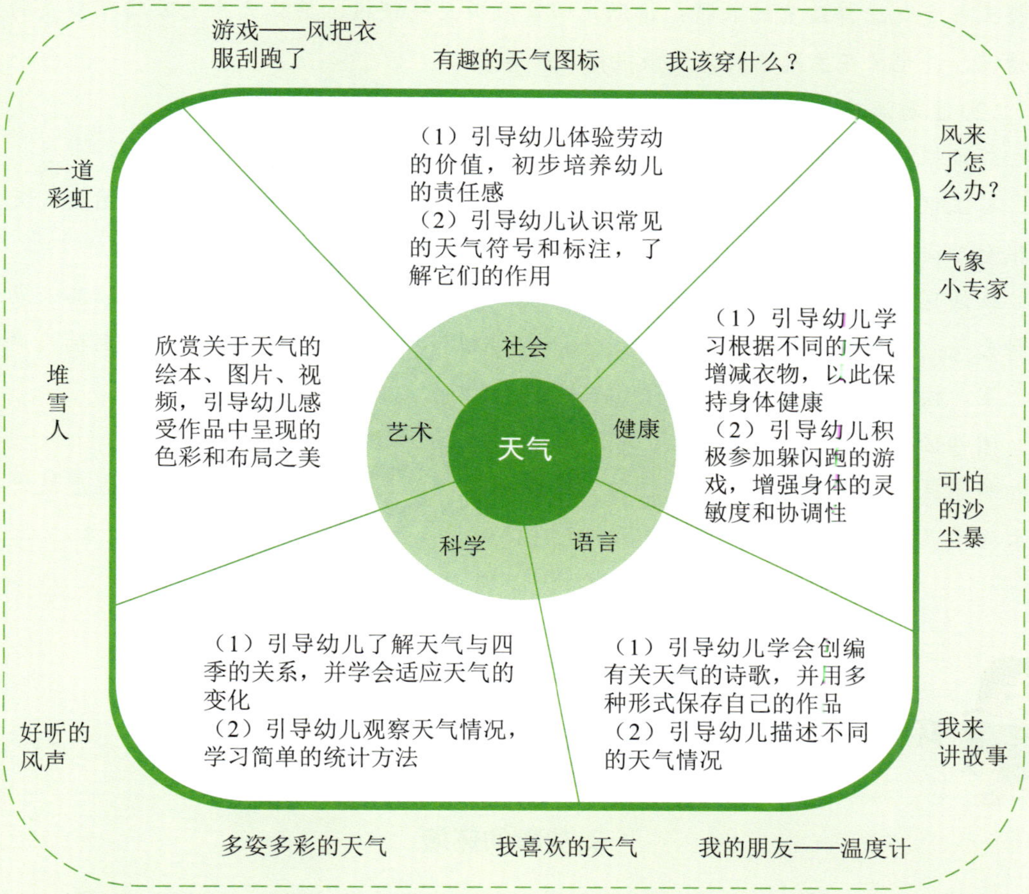

天气

社会：
（1）引导幼儿体验劳动的价值，初步培养幼儿的责任感
（2）引导幼儿认识常见的天气符号和标注，了解它们的作用

健康：
（1）引导幼儿学习根据不同的天气增减衣物，以此保持身体健康
（2）引导幼儿积极参加躲闪跑的游戏，增强身体的灵敏度和协调性

语言：
（1）引导幼儿学会创编有关天气的诗歌，并用多种形式保存自己的作品
（2）引导幼儿描述不同的天气情况

科学：
（1）引导幼儿了解天气与四季的关系，并学会适应天气的变化
（2）引导幼儿观察天气情况，学习简单的统计方法

艺术：
欣赏关于天气的绘本、图片、视频，引导幼儿感受作品中呈现的色彩和布局之美

活动：游戏——风把衣服刮跑了；有趣的天气图标；我该穿什么？；风来了怎么办？；气象小专家；可怕的沙尘暴；我来讲故事；我的朋友——温度计；我喜欢的天气；多姿多彩的天气；好听的风声；堆雪人；一道彩虹

图5-14 “天气”主题网络图

3. 主题环境创设

（1）主题展示区的环境创设。

教师将主题墙设计成上、下两个部分，主题墙的上半部分随主题变化不断更新内容（如晴天、雨天、雪天等）。例如，在开展“雨天”主题活动时，教师和幼儿可以利用多种方式表现植物在雨天的状态、人和动物在雨天的活动。主题墙的下半部分对上半部分的内容做拓展。例如，在“雨天”主题活动中，让幼儿收集各种有关雨的知识（什么情况下会下雨、雨给人们带来哪些益处和害处等）展示在墙面上。

教师还充分利用家庭资源丰富环境创设的内容。例如，让幼儿回家收集各种有关天气的图片、文字等资料，了解不同天气对人们生活的影响；请家长和幼儿一起记录在不同的天气情况下最适合做的事情，引导幼儿知道如何根据天气安排自己的活动；请幼儿根据天气变化选择适宜的衣服；请幼儿回家收听天气预报，第二天为大家播报当天的天气情况，并记录在主题墙的天气预报栏上；等等。

（2）主题活动区的环境创设。

教师根据主题活动的内容规划了美工区、表演区、阅读区和科学区。

美工区：投放丰富的废旧材料，用于制作天气表情面具、不同天气的小图标、天气预报爱心提示卡等。

表演区：引导幼儿创编情景故事，启发幼儿自主选择各种能发出声音的物品来表现各种天气；用废旧纸盒制作“电视”，让幼儿可以根据天气情况选择相应的图画插入“电视”里，模拟天气预报员播报天气（描述图片的内容）。

阅读区：投放各种关于天气小常识的图书。

科学区：投放可替换的天气图片、文字图片，以及幼儿在课堂上制作的温度统计表和天气情况统计表，让幼儿发布每天的天气情况，并记录每日的最高和最低气温。

环创微课堂

有故事的环境

在创设主题墙时，很多教师都会将幼儿的作品、活动照片、主题相关图片、实物等充分展示在主题墙上，版面非常美观。但是，也有很多教师产生了疑惑：花了很多时间精心布置的主题墙，幼儿为什么不闻不问呢？为了回答这个问题，某幼儿园以主题墙环境创设为切入口，通过“可看”“可探”“可说”3个关键词创设了“有故事的环境”，让幼儿和教师在不断地对话、碰撞中共同创设丰富的主题活动环境。

可看——主题脉络要清晰

教师要思考主题墙“是否缺少主题线索？”“是否只注重以教师的思维逻辑呈现内容，而忽视了幼儿的感受？”“是否缺少过程感，只把主题内容随意张贴？”等问题。

为了使主题“可看”，幼儿园“以童为先”，要求教师在创设主题环境前，先了解幼儿的已有经验、兴趣点，然后想办法让幼儿从一开始就参与到环境创设中。于是，教师给幼儿发放“主题邀请函”，设置“留白海报”“幼儿表征调查表”“幼儿访谈记录”，邀请幼儿参与到环境创设中，让幼儿决定主题墙的内容、构图等，让幼儿分组进行主题墙边框、色调的设计，并通过投票确定设计方案，将环境创设的主动权还给了幼儿，为可视化主题墙的探究奠定了基础。

对于课程的实施路径，教师都非常清楚，但幼儿不太了解。于是，为了让幼儿参与到课程中，教师进行了很多尝试。例如，在“我爱家乡”主题活动中，教师让幼儿通过表征的形式记录自己对家乡感兴趣的事物，并将幼儿零散的兴趣点进行分类。当教师了解到幼儿的兴趣主要聚焦在家乡的美食、风光和桥3个方面时，便将主题墙分成了3个部分，呈现出一个线索式的探索路径，如图5-15所示。

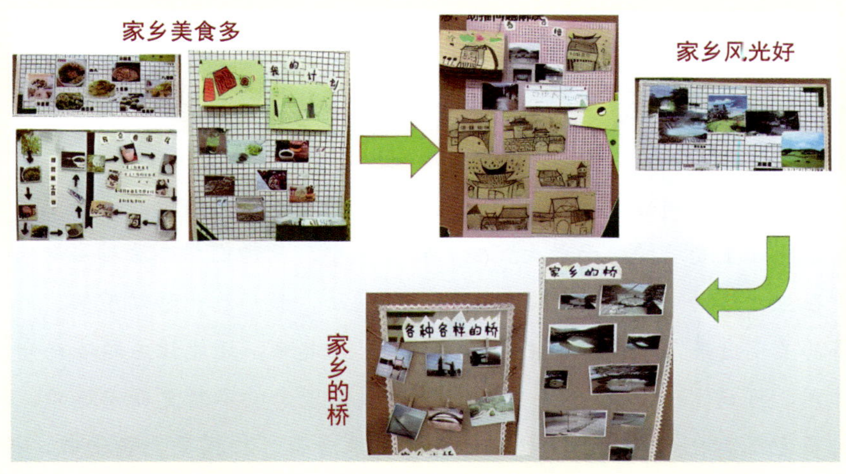

图5-15 “我爱家乡”主题探索路径

在主题实施过程中，由问题生成的课程很多。因此，在进行环创时，教师应围绕问题不断丰富主题墙的内容。例如，在大班“小书迷”主题活动中，幼儿进行“叠书PK赛”（见图5-16），并记录了书的高度。在主题墙上记录自己的测量结果时，幼儿产生了分歧：“我叠了1.24米，我叠得高。”“我叠了1.26米，我比你高。”……随后，由“叠书PK赛”到书的高度的测量，延伸了主题活动的内容。教师引导幼儿将自己的问题与发现一一记录在主题墙上，让主题墙紧随着幼儿的问题与发现而不断更新，让主题墙真正成为幼儿自主学习和相互交流的场所，幼儿则从不断丰富的主题墙中获得认同感和自豪感。

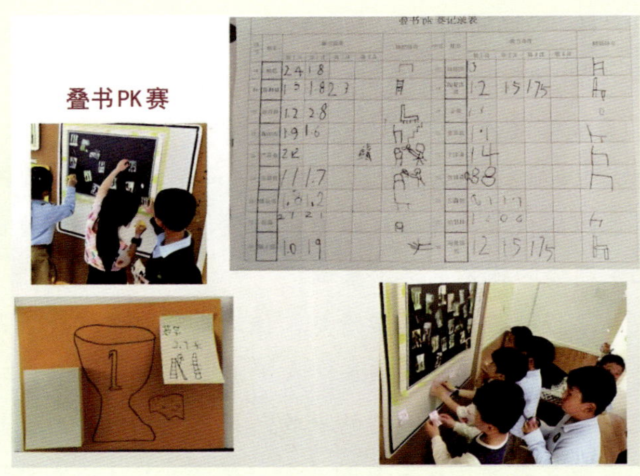

图5-16 “叠书PK赛”

可探——墙面内容能探索

主题墙高度因客观原因成为环境创设的最大问题。如果主题墙面过高，幼儿看不清楚或够不着，就无法探索。因此，教室主题墙的高度应不超过120厘米，以便为幼儿创设可互动的环境。

有时主题活动的内容特别多，而主题墙的空间有限，无法承载一个主题的所有内容，怎样才能让主题墙的版面最大化呢？在实践中，教师们想办法对主题墙进行了延展。对于在主题活动中产生的问题和幼儿们的想法，教师利用移动展架、网格板、拉拉书等将其呈现出来，不仅能使主题墙的版面灵动起来，还能让主题墙充分发挥“可探”的作用，可谓“一举两得”。此外，随着教师理念的不断更新与进步，环境创设中可探的多元工具也越来越多，如活动页袋、录音带、扫描笔、骰子书、折页小书、磁性贴板、插卡袋等，使主题活动真正走向了快乐探索的道路。

可说——墙面内容有话说

为了让主题环境真正成为幼儿的“第三位老师”，让它从“可看”“可探”到“可说”，幼儿园进行了更多尝试。

在创设主题墙前，教师带领幼儿共同设计版面、收集资料，幼儿在与同伴的讨论、商议中决定主题墙的设计方案。在主题墙的创设过程中，幼儿在交流互动中将与主题相关的经验留在主题墙上，充分积累了“说”的素材。

在主题实施过程中，总会出现这样或那样的问题，为此教师设置了留白墙、发现墙。有的幼儿喜欢提问，便用自己喜欢的方式将问题记录在留白墙、发现墙上；有的

幼儿看到了问题，有了解决问题的思路，也会用各种方式回答问题，如图5-17所示。在这种“提问—记录—答疑”的过程中，幼儿对主题不断进行探索，提高了活动的积极性，也收获了生活经验和知识。

图5-17　幼儿的提问与回答

主题墙最终的呈现效果不是由教师一个人说了算，而是要听幼儿的声音。例如，在“我爱妈妈”主题活动中，大部分幼儿觉得主题墙的背景应该是粉色的爱心，教师就支持幼儿的想法，以一个大大的爱心作为背景。

环境是幼儿参与创设的环境，课程是幼儿参与建构的课程。幼儿在参与环境创设的过程中自发地催生着课程，课程也在幼儿的不断卷入中再造着环境。主题墙成为幼儿学习的乐园，故事随处可看、随时可探、随心可说。

（资料来源：吉秋红、叶秀丽，《有故事的环境》，中国学前教育研究会官网，2022年2月18日）

一、单项选择题

1．下列说法错误的是（　　）。

A．主题环境的创设不需要幼儿的参与

B．主题环境的创设需要随着主题活动的开展而不断调整

C．主题环境的创设应符合幼儿的认知特点

D．在主题环境的创设中，教师应多观察幼儿，了解幼儿的需求

2．（　　）通常是指将五大领域与主题网络结合起来，形成一个主题网络展开图。

A．分目标展开

B．分层次展开

C．分领域展开

D．分领域按目标展开

3．下列关于主题活动的说法中，错误的是（　　）。

A．主题活动的内容是教师与幼儿在主题活动中共同建构的

B．主题活动涉及幼儿的情感、态度、能力、知识、技能等方面的发展

C．教师在创设主题活动环境之前应提前做出规划，并严格按照规划进行环境创设，不能随意调整规划，以免破坏主题活动整体的连续性

D．主题活动能将各学科领域的学习活动有机地联系起来，让幼儿在活动中获得较为完整的生活经验

4．主题墙幼儿操作部分的高度最好为（　　）。

A．60～150 厘米之间

B．100 厘米以下

C．120 厘米以下

D．150 厘米以下

5．如果幼儿是在教师有目的的引导下参与主题活动，则环境中材料的种类、数量是比较稳定的，环境中的活动是（　　）。

A．有序的　　B．无序的　　C．说不清　　D．灵活的

6．主题墙的创设应充分发挥（　　）主体作用。

A．教师的　　B．幼儿的

C．环境的　　D．幼儿园的

7．下列关于主题网络图的说法，错误的是（　　）。

A．主题网络图可以帮助教师厘清思路，明白主题活动需要从哪里开始，到哪里结束，从而制订更符合幼儿实际情况并具有实际意义的活动规划

B．主题网络图的展开包括分领域展开、分层次展开和根据联想关键词展开

C．在编制主题网络图时，教师应充分调动相关知识经验，尽可能围绕主题展开联想

D．在编制主题网络图时，教师不用了解幼儿对主题活动的想法，可以直接设计一系列活动，以便让自己的想法变成一个清晰的主题网络图

8．在主题展示区环境创设的过程中，教师应发挥（　　）。

A．辅助作用　　B．主导作用

C．引导作用　　D．调节作用

二、简答题

1．简述环境创设对幼儿园主题活动的重要性。

2．简述在幼儿园主题活动环境的初步创设中，材料应如何选择和投放。

3．在主题展示区环境的创设过程中，教师应注意哪些方面？

三、材料分析题

“码”上看解析

材料：某教师准备在班里开展“春天的脚步”主题活动，并创设了以下环境。

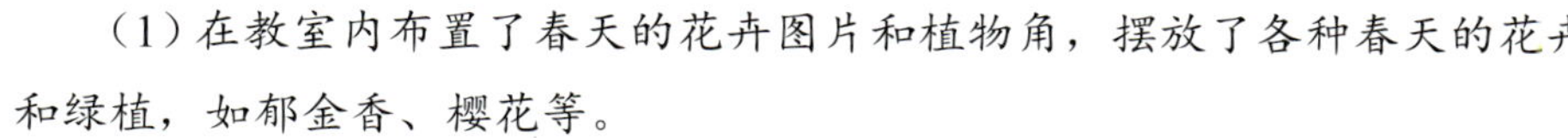

（1）在教室内布置了春天的花卉图片和植物角，摆放了各种春天的花卉和绿植，如郁金香、樱花等。

（2）墙壁上张贴了关于春天的儿歌和诗歌，如《春天在哪里》《小燕子》等，并在幼儿自由活动时播放这些儿歌和诗歌。

（3）规划了手工区，并在手工区内提供了彩纸、剪刀、胶水等材料，以便引导幼儿制作春天的手工制品，如蝴蝶、花朵等。

请仔细分析上面的材料，说一说这位教师所创设的主题活动环境有哪些优点和缺点，并提出改进建议。

“动物乐园”主题活动环境创设

动物是幼儿成长过程中不可或缺的一部分。幼儿对动物有着浓厚的兴趣，喜欢观察和亲近动物，学习有关动物的知识。这种喜欢动物的倾向在幼儿的认知、情感和社交发展中发挥着重要的作用。在教学实践中，某班教师及时了解幼儿的兴趣，决定以“动物乐园”为主题开展主题活动，旨在通过为幼儿提供多样化的动物资源，让幼儿亲近动物、亲近自然，引导幼儿学会爱护动物、保护自然，激发幼儿热爱生命的情感，从而促进幼儿的全面发展。假如你是该教师，你会如何创设主题活动环境？

请学生以小组为单位，采用参观、调查、操作、小组讨论等活动形式，开展一次“动物乐园”主题活动环境创设规划活动。

【活动步骤】

（1）全班同学分成若干小组，每组3～5人，各组选出1名组长。

（2）各组成员分组讨论本主题活动的目标，各组组长将本组讨论的结果写下来。全班汇总各组结果，并讨论各组的主题活动目标是否合适，最后确定本主题的活动目标。各组根据讨论过程和结果将表5-1填写完整。

表5-1 “动物乐园”主题活动目标

项目	总目标	
	本组讨论结果	全班讨论结果
知识与技能目标		
过程与方法目标		
情感与态度目标		
心得体会		

（3）各组根据主题和活动目标讨论主题网络图如何展开，并将图5-18补充完整。

图5-18 “动物乐园”主题网络图

（4）各组根据主题网络图讨论主题展示区和主题活动区的环境创设思路，然后将表5-2填写完整。

表5-2 “动物乐园”环境创设规划

项目		创设思路
主题展示区	主题墙初创框架	
	主题墙补充线索	
	可利用的资源和材料	
主题活动区	科学益智区材料投放及目的	
	美工区材料投放及目的	
	角色扮演区材料投放及目的	
	阅读区材料投放及目的	
	其他区材料投放及目的（根据自己的想法补充）	

（5）各组在主题网络图中选择一个方向（如“动物大集合”），结合主题活动内容创设一个既与主题相容，又能发展幼儿相应能力，还能达到主题活动目标的空间环境。各组将本组的创设作品用拍照或录视频的方式记录下来，并制作PPT。

【活动交流】

（1）各组派代表在班级中分享本组的环境创设规划。

（2）各组自由讨论，交流心得感悟。

（3）每个成员总结此次环境创设规划活动。要求：① 总结收获及经验教训；② 写出幼儿教师在创设幼儿园主题活动环境时应注意哪些方面。

____

____

____

____

____

【综合评价】

请学生本人、小组成员、指导教师针对学生在本模块的实际学习成果进行评价，完成表5-3所示的学习成果评价表。

表5-3 学习成果评价表

<table>
<tr><td>班级</td><td></td><td>组号</td><td></td><td>日期</td><td colspan="3"></td></tr>
<tr><td>姓名</td><td></td><td>学号</td><td></td><td>指导教师</td><td colspan="3"></td></tr>
<tr><td>项目</td><td colspan="3">评价内容</td><td>分值</td><td>自评</td><td>互评</td><td>师评</td></tr>
<tr><td rowspan="4">理论知识（30%）</td><td colspan="3">能简要阐述幼儿园主题活动与环境创设的关系</td><td>5</td><td></td><td></td><td></td></tr>
<tr><td colspan="3">能结合实例详细阐述幼儿园主题活动环境创设的基本步骤</td><td>5</td><td></td><td></td><td></td></tr>
<tr><td colspan="3">知道开展主题展示区环境创设的整体思路和基本要求</td><td>10</td><td></td><td></td><td></td></tr>
<tr><td colspan="3">能简要说明主题活动区环境创设的步骤，以及如何在活动中及时调整活动区的环境</td><td>10</td><td></td><td></td><td></td></tr>
<tr><td rowspan="4">活动实施（40%）</td><td colspan="3">积极参与课堂内外交流，认真做好实践活动准备</td><td>10</td><td></td><td></td><td></td></tr>
<tr><td colspan="3">勤于实践，勇于创新，在活动中表现积极，能充分发挥个人作用</td><td>10</td><td></td><td></td><td></td></tr>
<tr><td colspan="3">能结合所学知识较为出色地完成主题网络图的编制，根据主题网络图进行环境创设，并且有所创新</td><td>10</td><td></td><td></td><td></td></tr>
<tr><td colspan="3">PPT结构合理，逻辑清晰，重点突出，图文并茂；汇报时表达流畅，且能吸引听众兴趣</td><td>10</td><td></td><td></td><td></td></tr>
<tr><td rowspan="3">综合素养（30%）</td><td colspan="3">具备自主学习意识和独立思考能力，能够利用课余时间主动复习功课，并针对有疑惑的地方主动到图书馆查阅资料或与同学和教师进行深入探讨</td><td>10</td><td></td><td></td><td></td></tr>
<tr><td colspan="3">具备良好的团队合作精神，能够在课堂活动和实践活动中与他人相互协助、合作学习</td><td>10</td><td></td><td></td><td></td></tr>
<tr><td colspan="3">具有一定的创新意识，遇到问题时能够积极思考并发散思维，尝试从不同角度思考问题，为团队提供解决问题的新思路和新方法</td><td>10</td><td></td><td></td><td></td></tr>
<tr><td>总评</td><td colspan="4">自评（20%）+互评（30%）+师评（50%）=</td><td></td><td></td><td></td></tr>
<tr><td>自我评价</td><td colspan="7"></td></tr>
<tr><td>教师评价</td><td colspan="7"></td></tr>
</table>

模块六

情暖童心，呵护成长——幼儿园精神环境创设

模块导读

精神环境和物质环境共同构成了幼儿园的环境，二者相辅相成，缺一不可。与物质环境相比，精神环境对幼儿的影响是广泛、持久而深刻的。一个温暖、和谐且充满爱的精神环境有助于幼儿获得安全感、树立自信心，对幼儿的身心健康发展和性格塑造起着重要的作用。

知识目标

- 明确幼儿园精神环境创设的意义和原则。
- 掌握幼儿园精神环境创设的方法。

能力目标

- 能够在实践中灵活运用各种方法为幼儿创造温暖、和谐且积极向上的精神环境。

素质目标

- 树立以幼儿为中心的教育理念，尊重幼儿人格，富有爱心、责任心，立志做幼儿健康成长的启蒙者和引路人。
- 向全国教书育人楷模学习，从楷模身上汲取力量，不断成长，不断进步。

孩子们从生活中学习

如果孩子生活在批评中，他们将学会指责；
如果孩子生活在敌意中，他们将学会争斗；
如果孩子生活在恐惧中，他们将学会忧虑；
如果孩子生活在怜悯中，他们将学会自怜；
如果孩子生活在嘲讽中，他们将学会畏缩；
如果孩子生活在忌妒中，他们将学会妒忌；
如果孩子生活在羞辱中，他们将学会自责；
如果孩子生活在鼓励中，他们将学会自信；
如果孩子生活在宽容中，他们将学会耐心；
如果孩子生活在赞美中，他们将学会感谢；
如果孩子生活在接纳中，他们将学会爱人；
如果孩子生活在赞许中，他们将学会自爱；
如果孩子生活在认可中，他们将拥有目标；
如果孩子生活在分享中，他们将学会慷慨；
如果孩子生活在诚实中，他们将学会真诚；
如果孩子生活在公平中，他们将学会正义；
如果孩子生活在友善和体贴中，他们将学会尊重；
如果孩子生活在安全中，他们将学会信赖自己和他人；
如果孩子生活在友爱中，他们将学会爱这个世界。

（资料来源：多萝西·劳·诺尔蒂，雷切尔·哈里斯．一流的教养[M]．周彦希译．北京：北京日报出版社，2021）

思考与探究：

（1）你认为幼儿园的精神环境对幼儿的影响大吗？为什么？

（2）如果你是一位幼儿教师，你会如何为幼儿创设精神环境？

探索一　明确幼儿园精神环境创设的意义与原则

一　幼儿园精神环境创设的意义

幼儿园精神环境是指由人际关系、文化观念等交织在一起所形成的一种心理氛围，包括园所文化、教职工和幼儿的精神面貌、师幼关系、幼儿的同伴关系等内容。幼儿园精神环境创设的意义主要体现在以下几个方面。

（一）有利于幼儿个性的健康发展

幼儿期是形成良好个性品质的重要时期，也是可塑性最强的时期。幼儿园是幼儿的第一所学校，也是幼儿在儿童时期除了家庭以外最重要的场所之一。积极的园所文化、和谐的人际氛围，以及教师无时无刻对幼儿表现出的尊重和关爱等，都能够在潜移默化之中促进幼儿个性的健康发展。

例如，新入园的幼儿往往会产生分离焦虑，有些心理敏感的幼儿甚至会对父母过分依恋，在入园后表现出极度的焦虑不安，严重排斥上幼儿园。这种状况如果无法得到改善，将对幼儿的个性发展产生不良影响。教师通过适当的方法和措施，如对幼儿表现出亲切的态度（见图6-1）、以温和的语言关爱和鼓励幼儿等，为幼儿创设良好的精神环境，可以安抚幼儿的焦虑心理，唤起幼儿愉快的情绪体验，帮助幼儿克服分离焦虑，并让幼儿逐渐对幼儿园产生安全感和信任感，喜欢上幼儿园。

图6-1　对幼儿表现出亲切的态度

（二）有利于教师的成长与发展

幼儿园良好的精神环境可以激发教师对工作和生活的热情，促进教师的成长与发展。

一方面，在幼儿园，当教师身处一个积极向上、和谐融洽的氛围（见图6-2）中时，他们会更加愿意投入时间和精力去研究教学方法、创新教学方式，并以更加积极、乐观的态度面对工作中的挑战。同时，幼儿的正向反馈还能让教师感受到自己的价值和重要性，促使教师坚定职业理想，从而更加努力地提升自己的专业素养。

图6-2　积极向上、和谐融洽的氛围

另一方面，积极的园所文化和温馨的人际氛围能让教师对幼儿园产生归属感，对职业产生更强烈的认同感，从而以更加饱满的精神状态投入每天的工作。这种良好的状态能推动教师在工作过程中积极进取，不断地追求专业发展。

此外，在这样的环境中，教师之间会相互学习、相互借鉴，共同探讨教育问题，分享教学经验。这种交流和合作有助于教师拓宽视野、更新观念、提升教育技能，从而实现自我成长和进步。

（三）有利于提升幼儿园的教育质量

良好的精神环境对提升幼儿园的教育质量具有至关重要的作用。首先，良好的精神环境为幼儿提供了一个积极、温馨的学习氛围。在这种环境中，幼儿更愿意主动参与各种活动，积极探索未知领域。其次，良好的精神环境为教师营造了一个积极向上的工作环境，能够吸引更多优秀教师加入，从而促进幼儿园教师队伍的建设。最后，良好的精神环境有助于形成家园共育的良好局面。当家长感受到幼儿园充满爱和关怀的氛围时，他们会更愿意与幼儿园合作，共同关注和支持幼儿的成长。

二 幼儿园精神环境创设的原则

如果说物质环境是幼儿园环境的“硬件”，那么精神环境就是幼儿园环境的“软件”。它看不见、摸不着，却又无处不在，潜移默化地影响着幼儿的成长和发展。为了更好地促进幼儿的健康成长，幼儿园精神环境创设要遵循以下原则。

（一）尊重幼儿原则

《幼儿园教育指导纲要（试行）》提出，“应尊重幼儿的人格和权利”。幼儿和教师在人格上完全平等。教师应把幼儿视为有思想、有个性的个体，充分尊重幼儿的想法和行为。在与幼儿的互动中，教师应多倾听、多理解、多引导幼儿，不能指责或评判幼儿，更不能把自己的意见和想法强加给幼儿，从而为幼儿营造一个宽松、自由、安全的心理环境，让幼儿充分感受到来自教师的关怀、信任和尊重。

经典案例

在某次活动中，王老师让幼儿根据自己的理解绘制一幅下雨天小朋友相互帮助、共同撑伞回家的画面。小明先在纸上画了两个穿着雨靴的小朋友撑伞一起回家的画面，然后画了一个金色的太阳。王老师看到画中金色的太阳后感到很疑惑，于是蹲下去问小明为什么画了太阳，并鼓励小明说出自己的想法。在王老师的引导下，小明解释道：“上次下雨时，我看到天上出了太阳，妈妈告诉我这是太阳雨。”听完小明的话，王老师表扬了小明善于观察生活，还在班里展示了小明的画，给小朋友们讲解了什么是太阳雨。

在这个案例中，当看到小明出人意料的画法时，王老师没有急于发表自己的意见，而是鼓励小明将自己的见解大胆表达出来，充分尊重了小明的想法。

（二）关注幼儿原则

渴望被人关注是幼儿心理发展的一种正常需求。为了让幼儿感受到被重视，在幼儿园生活中，教师应以欣赏、接纳的态度对待幼儿，积极关注每一个幼儿，让幼儿在轻松愉快、充满关爱的环境中健康成长。

例如，当幼儿完成某项学习任务时，教师可以及时肯定幼儿的表现；当幼儿到园之后，教师可以摸摸幼儿的小脑袋，拍拍他们的肩膀，让幼儿感受到来自教师的关爱；在游戏活动中，教师可以用温柔的微笑、鼓励的眼神关注、回应幼儿。

（三）支持幼儿原则

幼儿正处于身心发展的关键阶段，存在依赖性较强、独立性较差等特点，在情感、认知等方面都需要成人给予及时的支持和帮助。教师的支持不仅能强化幼儿的想法、行为及情感，增强他们参与活动的兴趣和自主性，还能让幼儿产生愉悦的情绪、积极的心态和良好的行为习惯。教师应通过语言、行动、暗示等方式，为幼儿提供各种支持性环境，让幼儿有更多发表见解、自主决定、自由探索、充分交往的机会。

例如，当幼儿对某个玩具或材料产生兴趣时，教师可以主动引导幼儿进行探索；当幼儿取得进步或完成某项任务时，教师可以及时给予肯定和鼓励；当幼儿因为某种原因感到伤心或害怕时，教师可以温柔地安抚幼儿，认真倾听其感受；当幼儿之间发生争执或冲突时，教师可以引导他们通过沟通和协商来解决问题。

（四）欣赏幼儿原则

俗话说："数子十过，不如奖子一长。"每个人都渴望受到夸奖和赞美，幼儿对关爱和肯定的心理需求则更加强烈。幼儿心理发展尚不完全，具有易受伤害、可塑性强的特点，教师的一个眼神、一个动作，都可能会对幼儿的心理产生巨大的影响。为了促进幼儿的身心健康发展，教师在教育幼儿时应以正面激励为主，避免过于严厉的斥责。具体而言，教师要站在幼儿的角度看待其思维和行为，以宽容之心对待幼儿，多肯定幼儿，多赞赏幼儿，让幼儿敢想、敢说、敢探索、敢创造。

例如，当幼儿取得了进步，或者表现出了分享、协助他人等亲社会行为及良好的行为习惯时，教师应及时赞赏幼儿；当幼儿的行为、态度欠佳时，教师应先肯定幼儿做得好的地方，然后对幼儿提出具体的要求，鼓励幼儿取得进步。

课堂讨论

如果你是一名幼儿教师，遇到以下情况时你会怎么做？请与周围的同学分享自己的解决办法，并相互分析彼此提出的办法是否合理。

【情景1】两个小班的幼儿因为抢玩具发生了冲突。

【情景2】在开展教学活动时，东东举手说旁边的嘟嘟尿裤子了。

【情景3】在开展户外活动时，两名中班的小朋友撞到一起摔倒了。老师赶到时，二人哭得很伤心，都说是对方把自己撞倒的。

【情景4】某小班好几个幼儿都反映班里的天天经常咬人。

【情景5】入学一周多了，小班的浩浩还没有养成午睡的习惯，而且经常在其他人睡觉的时候捣乱。

幼儿园突发情况情景解答

探索二 创设积极和谐的幼儿园精神环境

在拥有丰富物质环境的基础上，创设积极和谐的幼儿园精神环境，可以让幼儿园教育获得事半功倍的效果。

一 创设安全宽松的心理环境

只有在安全宽松的心理环境中，幼儿才能够保持愉快的心情，从而更有意愿对周围环境进行积极的探索。通常，幼儿园教育工作者可以从以下几个方面入手为幼儿创设安全宽松的心理环境。

（1）通过空间布局规划、色彩搭配设计、装饰材料选用等手段，优化幼儿园环境，把幼儿园布置得温馨舒适，如图6-3所示。通常，干净整洁的环境布置，柔和的色彩（如淡黄色、棕褐色、粉绿色、浅蓝色等），以及富有童趣的装饰，有助于幼儿保持情绪稳定，产生安全感和归属感。

图6-3 温馨舒适的幼儿园环境

（2）主班老师、配班老师和保育员做好配合，不断优化班级管理方法，为幼儿营造团结友爱的班级氛围。

（3）在幼儿的一日生活中，教师为幼儿营造宽松、活泼、自由的环境，让幼儿感到愉悦、安全，使幼儿愿意来园，并积极、主动、有序地开展学习和游戏。

二 建立平等和谐的师幼关系

师幼关系是指教师和幼儿通过情感沟通与信息交流建立起来的一种人际交往关系，是幼儿园教育过程中最基本、最重要的人际关系。良好的师幼关系对幼儿认知、情感、心理健康等方面的发展有着积极的影响，是保证教育活动顺利开展的重要条件。

建立良好的师幼关系，爱是核心，尊重是基础，平等是关键。教师只有用真心、爱心、细心、耐心和恒心对待幼儿，才能真正与幼儿建立良好的关系。

（一）关爱每一个幼儿

关爱幼儿是教育幼儿的前提。教师应多观察幼儿，多关注幼儿的需求，多与幼儿交流、互动，并用积极正向的态度、亲切温柔的语言使幼儿感受到教师的体贴、关心和爱护；教师应以理解、宽容的心态对待幼儿的错误，心平气和地帮助幼儿分析出现错误的原因，使幼儿在心理上感到安全、在情感上得到满足，从而为建立良好的师幼关系奠定基础。

此外，每个幼儿的性格、特点各不相同，他们或聪明、或迟钝，或调皮、或安静，或健康、或残疾，但他们都十分渴望与老师亲近，都想得到老师的关注与喜爱。因此，教师应对所有幼儿一视同仁，尊重、关爱每一个幼儿，同时针对幼儿的不同个性，以恰当的方式给予他们个性化的爱和尊重。

例如，对于聪明伶俐、发展快的幼儿，教师应在肯定与表扬他们的同时提出更高的要求；对于发展一般的幼儿，应注意加大鼓励的力度，以激发其学习的积极性、主动性；对于“问题”多、发展慢的幼儿，应尽量挖掘他们身上的闪光点，多为他们提供表现自己长处的机会，以增强其自尊心和自信心。

（二）真诚、平等地对待幼儿

每个幼儿都是一个独立的个体，真诚、平等地对待幼儿有助于培养他们的自信心和独立性，为幼儿的健康成长提供有力的支持。教师在日常教学实践中要尊重幼儿，真诚、平等地对待每个幼儿，学会做幼儿的“大朋友”。

图6-4 教师与幼儿平等沟通

例如，与幼儿沟通时，教师应蹲下身或弯下腰，尽量与幼儿平视，以拉近与幼儿之间的距离，让幼儿感受到被关心和理解，如图6-4所示；在

教育活动中，教师应从幼儿的视角出发观察幼儿，带着一颗充满好奇的童心与幼儿交流，倾听幼儿的想法，尊重他们的意愿，而不能表现出“我是老师，我说了算”的姿态；教师让幼儿做某些事情时，应使用“请”“谢谢”等礼貌用语；教师自己犯错时，应该蹲下身和幼儿说“对不起”。

（三）做幼儿的支持者、合作者和引导者

《幼儿园教育指导纲要（试行）》明确指出：“教师应成为幼儿学习活动的支持者、合作者、引导者。”教师以合作者的身份参与幼儿的活动（见图6-5）、在日常生活中帮助幼儿处理各种问题、在教学活动中以赞赏的目光和适当的语言引导幼儿的行为等，都能帮助教师和幼儿建立起亲密无间的情感关系。

图6-5　教师以合作者的身份参与幼儿的活动

课堂讨论

你认为教师应如何做好幼儿的支持者、合作者和引导者？

教师应如何做好幼儿的支持者、合作者和引导者

三 帮助幼儿建立良好的同伴关系

同伴关系是影响幼儿成长的重要因素，在幼儿个性与社会化发展中起着成人无法取代的作用。良好的同伴关系能让幼儿产生积极愉快的情绪反应，有利于其形成和发展积极的自我概念和亲社会行为，对于其心理健康的发展乃至未来适应社会意义深远。教师可以从以下几个方面为幼儿创造良好的交往环境，帮助幼儿建立良好的同伴关系。

（一）创造幼儿与他人交往的机会

幼儿社会交往的本领主要是在与老师、同伴，特别是与同龄人交往的过程中掌握的。因此，教师要努力为幼儿创造温馨和谐的活动情景，给幼儿提供充分的与同伴自由交往的机会，使幼儿在与同伴的互动中不断提升与人交往的能力。

例如，教师可以多安排建构游戏、角色游戏等合作游戏（见图6-6），让幼儿在游戏中学会与同伴交流与合作；可以在晨间活动中为幼儿安排5～10分钟的自由交谈时间，让他们畅谈晨间活动的体会，分享近期家里发生的趣事，讨论自己喜欢的动画片，等等；可以组织一些有意义的活动，如庆生活动、节日晚会等，为幼儿创造与同伴交往的机会。

图6-6　合作游戏

（二）教给幼儿交往的方法和技巧

幼儿在面对同伴时会展现出一种天然的亲和力，他们喜欢在一起游戏、学习，但在彼此互动的过程中也会因各种原因产生矛盾和冲突。在这种情况下，教师要抓住教育的契机，在教育活动或日常生活中多教他们一些与同伴交往的方法和技巧。

例如，教师可以通过绘本阅读活动，让幼儿学习绘本中人物处理人际关系的方法，以

便应对自己在社交中可能遇到的各种情况；可以开展人际交往类的主题活动，与幼儿共同创设相关墙饰，引导幼儿学习如何向他人打招呼、如何交友等人际交往技巧；可以组织移情训练，让幼儿在活动中学会观察、体验、理解别人的情绪情感。

图6-7所示为某幼儿园教师带领幼儿共同创设的“交友小宝典”主题墙面。

图6-7 “交友小宝典”主题墙面

（三）强化幼儿的正确交往行为

教师要善于观察幼儿在与人交往时的表现，并及时给予反馈，以强化幼儿正确的交往行为，纠正其不正确的交往行为。当发现幼儿做出正确的交往行为时，教师应及时予以表扬，让其他幼儿知道这样做是对的，并引导幼儿在日常生活中模仿、学习这种行为；当发现幼儿做出不正确的交往行为时，教师要及时指出，告诉幼儿应该怎样做，并引导幼儿做出正确的交往行为。

例如，当幼儿能较好地与同伴合作学习或游戏时，教师要及时给予肯定和鼓励，如“你们配合得真好！”，以进一步强化幼儿自觉做出正确交往行为的意愿；当发现幼儿出现抢玩具的现象时，教师应及时制止，让幼儿知道这种行为是不正确的，并告诉幼儿正确的做法，如“下次希望和他人一起玩耍时，要礼貌地询问，在取得同意的情况下，再以和平友好的方式加入其中，好不好？”。

四　营造团结合作的人际氛围

团结合作的人际氛围不但有利于幼儿的身心健康发展，也有利于教师的心理健康和幼儿园各项工作的顺利开展。要想营造团结合作的人际氛围，幼儿园管理者、幼儿园教职工、幼儿及家长必须密切配合。教师可以从以下几个方面入手完善幼儿园的人际氛围。

（1）注重营造班级文化氛围，倡导平等合作的精神，引导幼儿团结友爱、互帮互助，让幼儿在和谐、友爱的氛围中健康成长。

（2）主动与家长交流，了解幼儿在家庭中的表现和成长情况，与家长共同制订教育计划，促进家园共育；邀请家长参与园所活动，如一日观摩活动、亲子运动会（见图6-8）、家长志愿者服务等，增强家长对园所文化的了解和认同，调动家长参与幼儿园教育活动的主动性、积极性，进而构建良好的家园关系，为幼儿营造和谐融洽的教育环境。

图6-8　亲子运动会

（3）建立良好的同事关系，通过积极参与幼儿园举办的教学研讨会、教师座谈会等活动，与同事加强交流学习、共同进步，在日常工作中互帮互助、和睦相处，形成团结和谐的团队氛围，为幼儿做好榜样。

五　建设以人为本的园所文化

园所文化是指幼儿园在长期的教育实践中逐渐形成的具有独特性的价值观念、行为准则和教育传统的总和。这种文化不仅体现了幼儿园的教育理念和教育特色，也影响着幼儿园的

教育质量、师幼关系及幼儿园的整体发展。良好的园所文化可以为幼儿园精神环境的创设提供源源不断的动力，为幼儿的成长提供有力的支持。

教育的出发点和归宿都是人，幼儿园的文化建设应始终贯穿以人为本的理念，将尊重人、欣赏人、发展人的理念引入幼儿园的整体运行机制中，以营造一个自由开放、宽松融洽的文化氛围。具体而言，幼儿园可以从以下几个方面建设以人为本的园所文化。

（1）在物质环境创设中凸显以人为本的理念，不断升级幼儿园的教育教学设施设备，精心打造宜人的园所环境，为幼儿提供一个更加安全、舒适、美观、富有教育意义的学习和生活空间，为教师提供一个良好的工作环境。

（2）在制度中体现以人为本的理念。例如，强调每个幼儿都是独一无二的，要求教师尊重幼儿的兴趣和需求，为幼儿提供个性化教育；为教师提供充足的发展空间，定期组织教师培训和学习活动，并建立合理的激励机制；实行民主化决策机制，鼓励教师和幼儿参与幼儿园管理。

（3）在园内营造以人为本的文化氛围。例如，充分尊重幼儿的自主权和参与权，让幼儿自由探索、个性发展；关注教师的情感需求，为其提供必要的情感支持和关怀，帮助其缓解工作压力和情绪困扰；强调家园共育，鼓励和支持家长参与幼儿园管理。

应注意的是，幼儿园文化建设是一个长期、渐进的过程，需要幼儿园全体教职工持之以恒地付出努力，在传承的基础上不断改革和创新。

课堂讨论

教育，只要用心，没有做不好的；学校文化，只要根植于儿童，没有不产生巨大育人效益的；学校的强大，往往是从文化的培育开始的。

假如你是一名幼儿教师，你会如何参与所在幼儿园的文化建设？

环创微课堂

全国教书育人楷模韩冰川：播撒幸福种子的“花婆婆”

从事学前教育工作30余年，没有轰轰烈烈，没有惊天动地，但韩冰川温和而坚定的探索和坚守，让自己成了一道光，照亮了幼儿的童年。

创建一间“幸福教室”

《花婆婆》是韩冰川特别喜欢的绘本之一。韩冰川说：“要像花婆婆一样，做一件让世界因我而更美丽的事。”她认为，幸福才是所有教育的终极目的。由此，她带领教师们踏上了“创建一间幸福教室”的旅途。在韩冰川的“幸福教室”里，爱的温暖体现于无处不在的细节里。例如，教师在每天的入园、离园环节及午睡前都会与每一个幼儿拥抱；在与幼儿讲话时，总是看着他们的眼睛，同时揽着他们的肩膀或拉着他们的小手；为每一个幼儿建立了观察档案，并利用悄悄话时间与幼儿一起交流、分享。

在韩冰川看来，童年是人生的宝藏，是一个人内在力量的源泉。那些自由自在、无忧无虑的快乐，那种被充分尊重、充分信任、充分爱着的感受，那些去做自己想做的事所带来的深深的满足感，都会成为一个幼儿长大后面对漫长人生的动力之源，给他想象，给他灵感，给他抚慰，为他疗伤，给他方向，给他力量……

图6-9所示为韩冰川和幼儿园的幼儿。

图6-9　韩冰川和幼儿园的幼儿

让每个生命按照自己的节奏“自在成长”

韩冰川认为，要给童年“留白”，在生活的河流里，让每个生命尽可能自由、自主、自在、自然地生长。

早在2000年，韩冰川就开启了对幼儿自主性培养的探索。她认为，教师需要给予幼儿帮助，但不可以代替幼儿成长，不可以让幼儿觉得“老师行、自己不行”，要在帮助幼儿的同时让幼儿感受到“我能行”。

例如，班里一个小朋友请她帮忙扣扣子时，她把小朋友衣服最下面扣子的一半穿过扣眼，再让小朋友一手拉着衣襟，一手把扣子从扣眼里全部拉出来。当小朋友做到后，她便给其极大的夸奖："你看你多棒！自己把扣子扣上啦！"就这样，她与这个小朋友一起把扣子一个一个扣上去，到最后一个的时候，这个小朋友自己已经能够独立扣扣子了。

类似这样的例子还有很多，韩冰川经常用这样的方式帮助和鼓励幼儿，不仅让幼儿感受到了来自老师的关爱，还让幼儿认识了自己的价值，很好地促进了幼儿的自信心和独立性的培养。

把一日生活的"发展愿景"变为"幸福实景"

韩冰川特别认同陶行知提出的"生活即教育"这一观点。她认为，"好的生活就是好的教育"，并确立了"为幼儿创造好的生活，与幼儿一起活出最好的生命状态"的目标。

韩冰川发现，当时间被分隔得过于零碎时，幼儿的一日生活也随之变得紧张、匆忙，长期处于一种被催促、被驱赶的环境之中，教师和幼儿都会越来越焦虑和疲惫。

"幼儿们不是来幼儿园被看管的，他们是来生活的！"韩冰川一直相信，幸福的童年，一定是从容、自在的。正是带着这样的信念，在她的积极带领下，她所在的幼儿园从2022年开始尝试取消全园统一的作息时间表，支持和帮助每个班级的教师和幼儿在把握大原则的基础上，根据幼儿发展成长的需要自主安排作息时间。

时间的解放，让老师和幼儿们的生活变得更从容、更自主。老师们可以按照本班幼儿的兴趣需要和课程进程及时调整活动安排。经过一段时间的尝试和磨合，每个班都找到了属于自己的生活节奏。

"每一位老师都坚信并践行'好的生活就是好的教育'的理念，他们爱幼儿、爱自己、爱自然、爱生活，并愿意努力在工作中成为更好的自己；每一位老师都会自觉地把'好的物质环境、好的精神氛围、好的一日生活、好的课程和经典的活动'带进一间间幸福教室之中，与幼儿一起活出最好的生命状态。"这是韩冰川理想中的教育应该有的样子，而这种"发展愿景"正在韩冰川所在的幼儿园变为"幸福实景"，也影响并带动了一大批园所进行课程改革。

（资料来源：魏海政、张桂玲，《走近2023年全国教书育人楷模韩冰川——播撒幸福种子的"花婆婆"》，中国教育新闻网，2023年9月12日）

一、单项选择题

1．下列不属于幼儿园精神环境范畴的是（　　）。

A．幼儿园的人际关系

B．幼儿园的文化

C．幼儿园的制度

D．幼儿园的园风

2．以下选项中，不属于幼儿园精神环境创设原则的是（　　）。

A．尊重幼儿原则

B．关注幼儿原则

C．支持幼儿原则

D．顺从幼儿原则

3．当一名幼儿试图爬上攀登架又略显胆怯时，教师应该如何做？（　　）

A．不予理会

B．主动上前帮助幼儿

C．告诉幼儿爬不上就别爬了

D．向幼儿投去支持、鼓励的目光

4．学前教育过程中最基本的、最重要的人际关系是（　　）。

A．教师与幼儿的关系

B．教师与家长的关系

C．教师与教师的关系

D．家长与幼儿的关系

二、简答题

1．简述幼儿园精神环境创设的原则。

2．简述创设幼儿园精神环境的方法和途径。

三、材料分析题

材料：【案例一】在日常工作中，白老师比较关注那些胆小、性格内向的幼儿。在教学活动中，当这些幼儿因为紧张而回答不出问题或表现不佳时，白老师就会先让他们坐下来，然后蹲下身子，语气温和地鼓励道："没关系，老师知道你会，以后经常锻炼就好了。"活动

结束后，白老师还会主动地与这些幼儿交谈，听他们的心声，培养他们的语言表达能力，并经常与这些幼儿的家长进行沟通，共同寻找促进幼儿发展的适宜方法。

“码”上看解析

【案例二】安安在教学活动中很难集中注意力，是个“坐不住的孩子”，有时他还会“骚扰”周围的小朋友，甚至会打断李老师正在进行的教学活动。有一次，安安故意打翻了一个小朋友的水杯，该小朋友哭着去找李老师，李老师盛怒之下让全班的幼儿都不要理睬安安。

【案例三】宁宁是一个聪明、漂亮的小姑娘，在跳舞、弹琴、讲故事等方面的表现也很突出，为班级争得了很多荣誉，张老师非常喜欢她。有一次，在集体活动的时候，宁宁因为别的小朋友不听自己的话而推搡了别的小朋友。张老师看到了不但没有教育宁宁，反而批评其他小朋友不听话。

请运用所学知识评析材料中各位老师的做法。

摄影大赛——用镜头记录师幼互动的美好瞬间

人们常说，教育就是一棵树摇动另一棵树，一朵云推动另一朵云，一个灵魂唤醒另一个灵魂。在幼儿园中，教师日复一日地用爱和耐心引导幼儿认识世界、理解生活，每一个微笑、每一次拥抱、每一次对话，都传递着教育的温暖与力量。

请学生以小组为单位，开展一次摄影大赛，用镜头记录幼儿园中师幼互动平凡又美好的瞬间，感受爱与成长的力量。

【活动步骤】

（1）全班同学分成若干小组，每组3～5人，各组选出1名组长。

（2）各组主动与附近幼儿园取得联系，商讨观摩相关事宜。

（3）各组准备好拍摄工具，并提前学习拍摄技巧。

（4）各组走进幼儿园，观摩幼儿园一日活动，抓拍“感动瞬间”，各组成员记录自己当时的想法。

（5）各组整理、筛选出3张参赛照片，并为参赛照片取一个合适的标题，或用一段文字简要介绍参赛照片。

（6）各组派代表在班级中轮流介绍自己的摄影作品，然后全班同学无记名投票，选出一等奖、二等奖各1名，三等奖2名，优胜奖3名。

评分标准：① 内容创新（4分），即作品内容能体现作者对于摄影大赛主题的独到见解；② 视觉表现（3分），即作品在色彩呈现、画面构图、技巧创意等方面表现出色；③ 引发思考（3分），即作品能引发他人对幼儿园精神环境创设的关注和思考。

【活动交流】

（1）各位获奖者发表获奖感言。

（2）各组自由讨论，交流心得感悟。

（3）每个小组成员选出1个让自己印象深刻的摄影作品，并结合这一作品谈谈自己对幼儿园精神环境的看法。

【综合评价】

请学生本人、小组成员、指导教师针对学生在本模块的实际学习成果进行评价，完成表6-1所示的学习成果评价表。

表6-1 学习成果评价表

<table>
<tr><td>班级</td><td></td><td>组号</td><td></td><td>日期</td><td colspan="3"></td></tr>
<tr><td>姓名</td><td></td><td>学号</td><td></td><td>指导教师</td><td colspan="3"></td></tr>
<tr><td>项目</td><td colspan="3">评价内容</td><td>分值</td><td>自评</td><td>互评</td><td>师评</td></tr>
<tr><td rowspan="2">理论知识（30%）</td><td colspan="3">能简要阐述幼儿园精神环境创设的意义和原则</td><td>15</td><td></td><td></td><td></td></tr>
<tr><td colspan="3">能结合实例详细阐述幼儿园精神环境创设的方法</td><td>15</td><td></td><td></td><td></td></tr>
<tr><td rowspan="4">活动实施（40%）</td><td colspan="3">积极参与课堂内外交流，认真做好实践活动准备</td><td>10</td><td></td><td></td><td></td></tr>
<tr><td colspan="3">勤于实践，勇于创新，在活动中表现积极，充分发挥个人作用</td><td>10</td><td></td><td></td><td></td></tr>
<tr><td colspan="3">摄影作品画面冲击力强、构图精美、富有创意，能够触动人心、引发思考</td><td>10</td><td></td><td></td><td></td></tr>
<tr><td colspan="3">对摄影作品的介绍准确、流畅，且生动地阐述了作品背后的故事</td><td>10</td><td></td><td></td><td></td></tr>
<tr><td rowspan="3">综合素养（30%）</td><td colspan="3">具备自主学习意识和独立思考能力，能够利用课余时间主动复习功课，并针对有疑惑的地方主动到图书馆查阅资料或与同学和教师进行深入探讨</td><td>10</td><td></td><td></td><td></td></tr>
<tr><td colspan="3">具备良好的团队合作精神，能够在课堂活动和实践活动中与他人相互协助、合作学习</td><td>10</td><td></td><td></td><td></td></tr>
<tr><td colspan="3">具有一定的创新意识，遇到问题时能够积极思考并发散思维，尝试从不同角度思考问题，为团队提供解决问题的新思路和新方法</td><td>10</td><td></td><td></td><td></td></tr>
<tr><td>总评</td><td colspan="4">自评（20%）+互评（30%）+师评（50%）=</td><td></td><td></td><td></td></tr>
<tr><td>自我评价</td><td colspan="7"></td></tr>
<tr><td>教师评价</td><td colspan="7"></td></tr>
</table>

模块七

一园一品，特色兴园——幼儿园特色环境创设

模块导读

随着学前教育改革的不断深入，“以质量求生存，以特色求发展”已成为当今幼儿教育发展的新趋向。如今，越来越多的幼儿园走上了“特色发展”的探索之路，意在塑造鲜明且独特的办园特色，不断增强自身的市场竞争力。

知识目标

- 了解幼儿园特色发展的内涵。
- 熟知幼儿园特色发展的要点。

能力目标

- 能够在实践中创设有特色的幼儿园环境。

素质目标

- 提升审美素养，学会欣赏美、鉴别美、创造美。
- 认识地方文化的育人价值，自觉将地方文化融入幼儿教育工作。

中国特色幼儿园盘点

在云南省红河哈尼族彝族自治州蒙自市上海路，有一家造型独特的幼儿园。它就是曾被誉为“中国最美幼儿园”的“棒棒糖理想国”，如图7-1所示。俯瞰整座建筑，它既像打开幼儿梦境的钥匙，又像承载幼儿童真的棒棒糖。这所幼儿园与其他幼儿园最大的不同在于，其设计的所有灵感均来自幼儿的艺术世界。

图7-1 “棒棒糖理想国”鸟瞰图

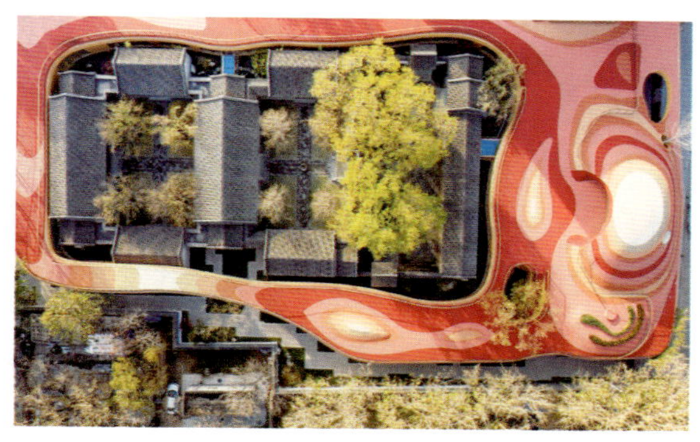
图7-2 乐成四合院幼儿园

乐成四合院幼儿园（见图7-2）是一所建在四合院上的幼儿园，其主体巧妙地将优雅的现代建筑与传统的清代四合院相连，创造出一种绚丽又实用、古典又现代的融合之美。其最吸引人的地方便是具有“漂浮感”的屋顶运动场——远观如火星地表，幼儿可以在这里自由奔跑、玩耍。除了极具特色的外观外，该幼儿园还总结出一套探索式“玩”中学的课程和学习法，旨在让每个幼儿在“无边界”的学习环境中实现个性化发展。

建在四合院上的幼儿园

广州市天河区金穗幼儿园是全国第一所以应急安全教育为特色的公办全日制幼儿园。该幼儿园将生存教育融入幼儿安全教育课程，设置了居家、交通、嬉水、应急、食品、灾害天气、防空袭击和野外生存8个安全模拟学习场所，每周至少开展一次安全教育活动。课程突出幼儿年龄特点，强调体验感，旨在通过声效模拟、场景仿真等方式帮助幼儿在沉浸式的游戏中获取安全知识、习得安全技能。图7-3所示为幼儿模拟火灾现场逃生。

图7-3 幼儿模拟火灾现场逃生

思考与探究：

（1）你如何看待上述几所特色幼儿园？你认为什么样的幼儿园才能被称为特色幼儿园？

（2）你如何看待特色环境与特色幼儿园的关系？

探索一　认识幼儿园特色发展与环境创设

一　幼儿园特色发展的内涵

所谓“特色”，不是指高大上的环境、先进的设施设备等表面特征，而是指幼儿园在办园过程中所形成的独特的、稳定的、优质的、带有整体性的办园风貌和教育模式。这种特色不仅体现在幼儿园的课程设置、教学方法上，还体现在幼儿园的文化氛围、师生关系、家园合作等多个方面。

幼儿园的“特色”通常是在幼儿园园长的引领下，全园教职工通过长期实践办园理念、发挥本园的传统和优势，积淀而成的有别于其他园所的独特办园风貌。它不是特长班、兴趣班的代名词，而是幼儿园追求高品质教育的重要体现。

幼儿园特色发展的目的是为幼儿提供更为丰富、全面和个性化的教育环境，其发展方向是多元化的。具体来说，幼儿园的特色发展方向涉及艺术、自然、地区文化、红色教育、体育教育、安全教育、双语教育等多个领域。

课堂讨论

2019年3月，教育部决定开展足球特色幼儿园试点工作。相关专家指出，培养足球人才，要紧紧抓住3～6岁幼儿的运动兴趣、习惯、认知和技能产生发展的关键期，尊重规律，以游戏、兴趣为主。截至2022年年底，教育部共遴选全国足球特色幼儿园8 310所。你听说过足球特色幼儿园吗？请和周围的同学探讨国家推动创建足球特色幼儿园的意义。

二　幼儿园特色发展的要点

（一）以教育目标的实现为前提

教育目标是幼儿园开展教育活动的核心和导向，它规定了幼儿园教育的方向、内容和要

求，是幼儿园特色发展的前提。幼儿园一定不能舍本逐末，以牺牲教育质量和幼儿的全面发展为代价来搞特色。

在追求特色发展的过程中，幼儿园必须始终将促进幼儿全面和谐发展的教育目标的实现和落实放在首位，确保特色活动、课程设置、环境创设等都服务于该教育目标。只有这样，幼儿园对特色的追求才有意义。

（二）以办园理念的核心为指引

办园理念是一所幼儿园的灵魂所在，它体现了幼儿园的教育追求和价值取向，回答了“通过教育要把幼儿培养成什么样的人”这一问题，对幼儿园的长远发展起着引领作用。每个幼儿园的办园理念都是在自身长期发展过程中形成的，都有其独特之处，而这些独特之处正是幼儿园发展特色的基础。

因此，在寻求特色发展之路的过程中，幼儿园应首先总结自身发展经验，提炼出独特且科学的办园理念，然后在此基础上思考幼儿园的特色发展方向。例如，重庆市九龙坡区铁路幼儿园秉持“从这里走向美好世界”的办园理念，建园以来一直潜心研究幼儿美育，在发展过程中明确了“健康打底色、美术创特色”的特色建设思路；又如，红星幼儿园（中央军委机关事务管理总局下辖的幼儿园）厚植“以家国情怀为内核的红色文化、以军营特质为底色的育人文化、以阳光快乐为特征的幼儿文化”的沃土，深入挖掘党的光荣传统和宝贵经验，确定了红色教育的特色底色。

图7-4所示为重庆市九龙坡区铁路幼儿园极具艺术范的园所大门。

图7-4　重庆市九龙坡区铁路幼儿园极具艺术范的园所大门

（三）以科学系统的规划为抓手

“特色”的形成不是一个“线性”过程，而是多层面、多因素协同作用的动态体系。因此，幼儿园的特色发展需要围绕各教育要素进行整体思考和系统规划。这些教育要素包括幼儿园的环境创设和氛围营造、幼儿园的课程设置、幼儿园与家庭及社区的关系、幼儿园教师队伍建设、幼儿园管理等。

（四）以持续不断的完善为保障

幼儿园的特色发展是一个持续的动态过程，同时也是一个不断探索和创新的过程。幼儿园应鼓励教师和幼儿参与特色教育的创新实践，并建立科学的评估体系，定期从课程实施效果、幼儿发展水平、家长满意度等方面对幼儿园的特色创建工作进行评估，提出改进方案，从而推动幼儿园特色发展不断深化。

三 依托环境创设提升办园特色

环境创设在幼儿园特色发展中起着至关重要的作用。一个与幼儿园特色相契合的环境，不仅能够突出和强化幼儿园的教育特色，还能激发幼儿的学习兴趣，促进他们的全面发展。因此，幼儿园应依托环境创设，将其教育理念、教育目标和教育内容融入环境之中，以彰显幼儿园的办园特色。

例如，如果注重艺术教育，幼儿园就可以在环境中融入艺术元素，让幼儿在美的熏陶中提升审美能力和创造能力；如果注重自然教育，幼儿园就可以在环境中引入自然元素，让幼儿能够近距离观察和了解自然。

探索二　一园一品，特色兴园

一 艺术特色幼儿园示例

李跃儿芭学园（望京园）坐落于北京市朝阳区一家国际马球俱乐部内。芭学园的环境充分体现了创始人李跃儿老师的教育理念和美好情怀——让艺术和人文如空气一样萦绕在教育环境中。她借助多年来沉淀的艺术修养和教育思想，打造了一个童话般的王国。

进入芭学园的大厅，浓浓的艺术气息扑面而来，让人感觉像是走进了一个温馨的家，如图7-5所示。大厅里温馨、舒适的环境可以有效缓解幼儿初次来园的不安情绪。

图7-5 芭学园的大厅

站在芭学园内环顾四周，会让人不禁赞叹这如画般美丽的环境。这正是李跃儿老师所追求的，她希望幼儿在园的每一刻，都能沉浸在如诗如画的艺术氛围中，感受到环境所传递的温馨与美好。

芭学园的墙壁上，悬挂着很多幅名画和幼儿的画作，可供幼儿欣赏、对比，从而在潜移默化中提升他们的审美能力，如图7-6所示。

图7-6 走廊中的画作

芭学园的很多地方都摆放着一些小物件，如小人偶、松果、木头、玩具等，如图7-7所示。这些小物件都是由充满生命力的材料制作而成的，可以让整个园所显得生机勃勃，也可以激发幼儿的好奇心，增强他们对世界的探索欲。

图7-7　角落的小物件

另外，在芭学园中，随处可见的还有各式各样可爱的小鞋子（见图7-8），这生动地诠释了李跃儿芭学园的教育理念——“孩子是脚，教育是鞋”（只有适合孩子的教育，才是最好的教育）。在日常教学中，这里的教师十分注重引导幼儿感知事物的声音、形状、色彩等艺术特质。他们希望幼儿在开展科学观察的同时，去感知事物的“美”，以此来引导他们培养审美意识。例如，在认识柳树时，教师不仅会传授科学知识，让幼儿了解柳树是落叶树，还会带领他们到户外，用心感受柳树的形象，领略其婀娜多姿之美，从而激发幼儿对自然的热爱之情。

图7-8　各式各样可爱的小鞋子

芭学园拥有独立的蒙氏教室、艺术教室、多功能厅和阅览室等。

李跃儿老师认为，教室是幼儿的第二个家。虽然五颜六色的环境一时间能够吸引幼儿的兴趣，但如果长期待在这种环境中，幼儿会感到焦躁不安、注意力无法集中。因此，芭学园教室的墙壁采用的都是温暖的色调，能够为幼儿营造一个温馨、舒适的氛围，如图7-9所示。

图7-9　温馨的教室

在芭学园的蒙氏教室里，有一个特别的桌子——“四季桌”。“四季桌”是自然界四季更替在室内的反映。它就像一件艺术品，能提升整间教室的“颜值”，给予幼儿美的熏陶。同时，通过观察或与教师一起布置四季桌，幼儿可以体验到四季的变化，深刻感受大自然的魅力。图7-10为不同造型的“四季桌”。

图7-10　不同造型的“四季桌”

手工区（见图7-11）是芭学园蒙氏教室的重要区域之一。每个班级的手工区都靠近窗口，以便幼儿在光线充足的地方开展手工活动。芭学园的教师会尽可能地在手工区投放丰富多样的材料，以此来激发幼儿的创作欲望。同时，他们还会耐心地指导幼儿正确使用材料，为幼儿展示艺术创作的过程，引导他们举一反三、触类旁通。

图7-11 手工区

步入艺术教室（见图7-12），映入眼帘的是由幼儿创作的艺术作品。每一件作品都独一无二、充满童趣。艺术教室摆放了丰富的材料，且有专门的分区，可供教师开展各种美工活动和艺术类主题课程。

图7-12 艺术教室

幼儿园的艺术教育本质上是一种操作教育。因此，在创设环境时，芭学园的教师会致力于为幼儿营造一个可操作的艺术环境。例如，为幼儿提供多样化的、可动手操作的材料；安排包括多种操作类型的综合活动或需要不同操作技能的活动。

芭学园的艺术教室还精心设置了一面绘画墙，用以满足“小艺术家”们的创作欲，如图7-13所示。芭学园的教师鼓励幼儿自由表达，支持他们独立创作。同时，教师不会以“对不对”“像不像”等标准来评判幼儿的作品，而是会敏锐地捕捉其作品中的闪光点，用积极的语言或动作给予其正向反馈，以激发幼儿的创造力，并培养其对艺术的热爱之情。

图7-13　绘画墙

在这样一个艺术氛围浓厚，尊重幼儿、关注幼儿，注重对幼儿所处环境进行有目的地设计的幼儿园中，幼儿定能获得更为全面的发展，收获更为丰富且美好的童年体验。

二　自然特色幼儿园示例

中华女子学院附属实验幼儿园位于北京市朝阳区，是一所隐于闹市、回归自然的幼儿园。其园内有小花坛、葡萄长廊、小池塘、树屋、沙坑、雨水花园、游戏台、星空电车等，种有桑葚树、梧桐树等树木，花草茂盛，一步一景，这里的孩子们亲切地称其为“花花草草幼儿园”，故又名“花草园”。图7-14所示为花草园“春夏秋冬”的自然景观。

花草园

图7-14　花草园“春夏秋冬”的自然景观

从2004年建园至今，花草园秉承着自然主义教育观，创设了幼儿园环境，构建了以儿童为核心，以自然主义和中国传统文化为线索的回归儿童本真生活的课程体系，即“生活化课程”（强调儿童学习的生活化和游戏化，注重教师和儿童共同学习）。经过多年的发展与积淀，花草园的户外环境变得更加丰富、立体且富有层次，成为重要的教育资源。在花草园的户外环境里，每一寸空间都能找到自然的身影，如图7-15所示。

森林木屋

小池塘

休息区

图 7-15　花草园的户外环境

在花草园的户外环境中，不仅有花草树木、池塘溪水，而且还有各种活动区和游戏设施，如图7-16所示。在这里，幼儿可以呼吸新鲜的空气，沐浴充足的阳光，自由探索周围的环境，通过跑、跳、攀、爬等各种动作充分锻炼身体。更重要的是，与大自然的亲密接触能够拓宽幼儿的视野，激发他们的好奇心和想象力，使他们的思维更加活跃。

图7-16　活动区和游戏设施

在花草园，任何一处环境，任何一个角落都可以变成课程，而课程及通过课程创造出的成果又成了丰富环境的源泉。花草园主张：“幼儿园环境的变化，每一次的丰富、完善，甚至修建都应该是‘儿童视角’下的产物。体察儿童的需要，和儿童共同讨论，才能创设出适合儿童发展的环境。”孩子们想要一个挖土池，就把一棵树请到别的地方，造了一个挖土池；孩子们说想要“飞”，就在楼顶上设计了一个空中花园，建造了一个树屋，满足孩子们想要在高空“飞翔”的愿望；后来还有了雨水花园（见图7-17）、游戏台、星空电车（见图7-18）……

图7-17 雨水花园

图7-18 星空电车

花草园的内部，更是别有洞天。步入大厅，一面硕大的生态绿植墙随即映入眼帘，如图7-19所示。这面生态绿植墙上展示的是花草园的园训——成为我自己，我们在一起，按自己的节奏呼吸与思考。另外，大厅里还摆放着随节气变换的环创作品，如图7-20所示。

图7-19 大厅里的生态绿植墙

图7-20 大厅里随节气变换的环创作品

在走廊中，随处可见各种自然物，使整个室内公共环境都萦绕在生机勃勃的自然氛围之中，如图7-21所示。

图7-21　走廊中的自然物

花草园的教室仿佛是自然的延伸，每一寸空间都弥漫着自然的气息，如图7-22所示。窗台上摆放着幼儿种植的花草，以及花生、核桃、石头、干花瓣等自然物品；班级里用来装物品的筐子、花篮，以及幼儿用来搬挪物品使用的盘子都是自然材料；教师工作区摆放着藤条编制的椅子和麻布靠垫；每个幼儿都有一个自己的木质“百宝盒”，这里隐藏着他们的秘密，也是他们和自然联结、和自己联结的重要方式……

图7-22　教室中随处可见的自然物品

在花草园的各种活动室里，都可以看到用自然材料精心装饰的环境，而且大多装饰物都是在幼儿的参与下制作完成的，如图7-23所示。

图7-23　用自然材料装饰的环境

除了看得见的自然，花草园里还有“看不见”的自然，那就是班级的名字。小班、中班、大班分别对应春、夏、秋三个季节，每个班会选择一个对应季节的物象作为班级代表物，如夏荷花班、夏蜻蜓班、秋明月班、秋晴空班。图7-24所示为用季节命名的班级名牌。

此外，各班还会根据班级的代表物对班级进行装饰。例如，夏蜻蜓班里就有很多和蜻蜓有关的元素，如图7-25所示。至于冬天，花草园里的教师说：“冬天太冷了，就留给小学吧。”

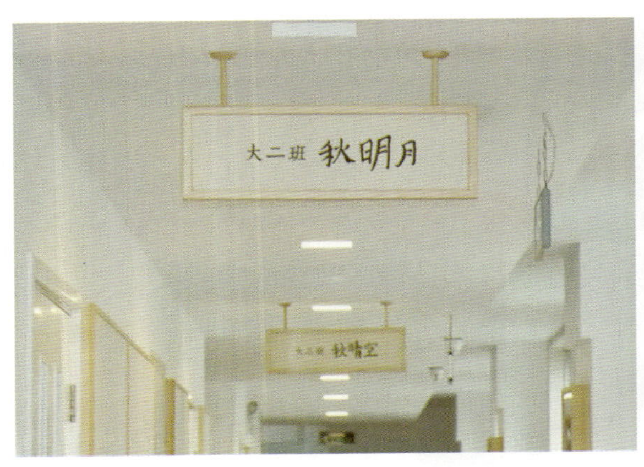

图7-24 用季节命名的班级名牌

图7-25 夏蜻蜓班里的蜻蜓元素

回归传统、回归自然、回归幼儿，一直以来，花草园始终重视自然与环境对幼儿发展的影响，将通过自然来实施教育的理念做到了极致。

三 地方文化特色幼儿园示例

在苍山之麓、洱海之滨的大理，有一所乡村幼儿园——官庄龙潭明德幼稚园（以下简称“官庄幼稚园”）。该幼儿园植根乡土文化，因地制宜，依托周围的自然环境和既有资源进行园区建设和课程开发，为当地的幼儿提供了一个贴近自然且地域特色鲜明的学习和生活环境。

该幼儿园位于山脚之下、田野之间的一处高地，既方便附近村庄的适龄儿童就近入学，又方便教师利用周围开阔的农田和茶山开展第二课堂。图7-26所示为官庄幼稚园的主建筑区简图，图7-27所示为官庄幼稚园的户外活动区简图。

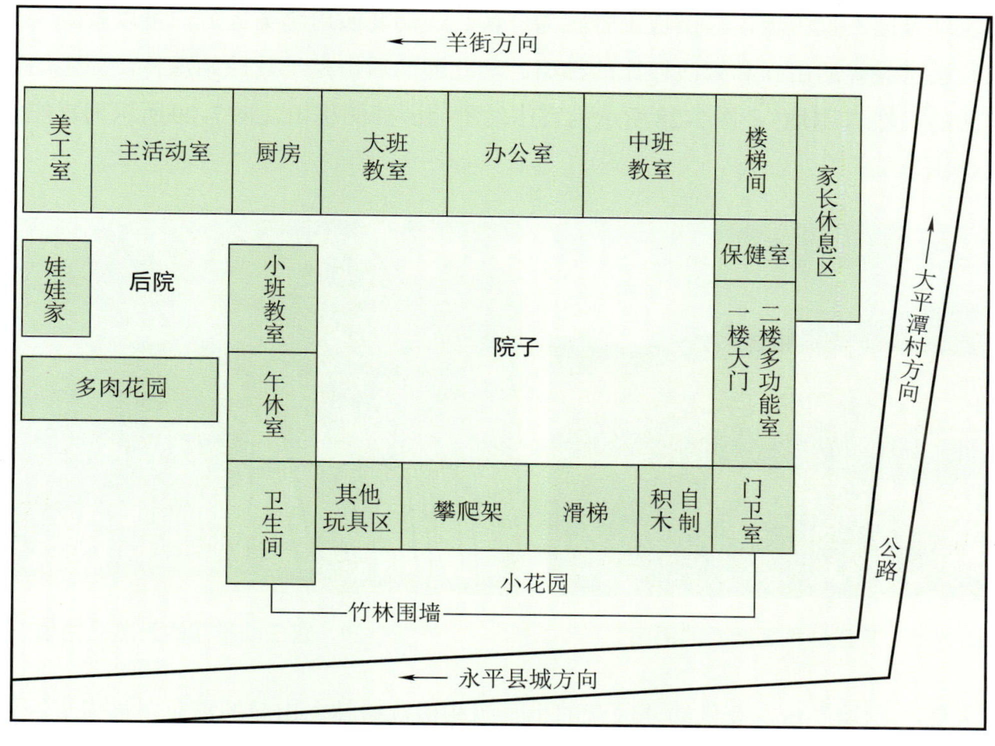

图7-26 官庄幼稚园的主建筑区简图

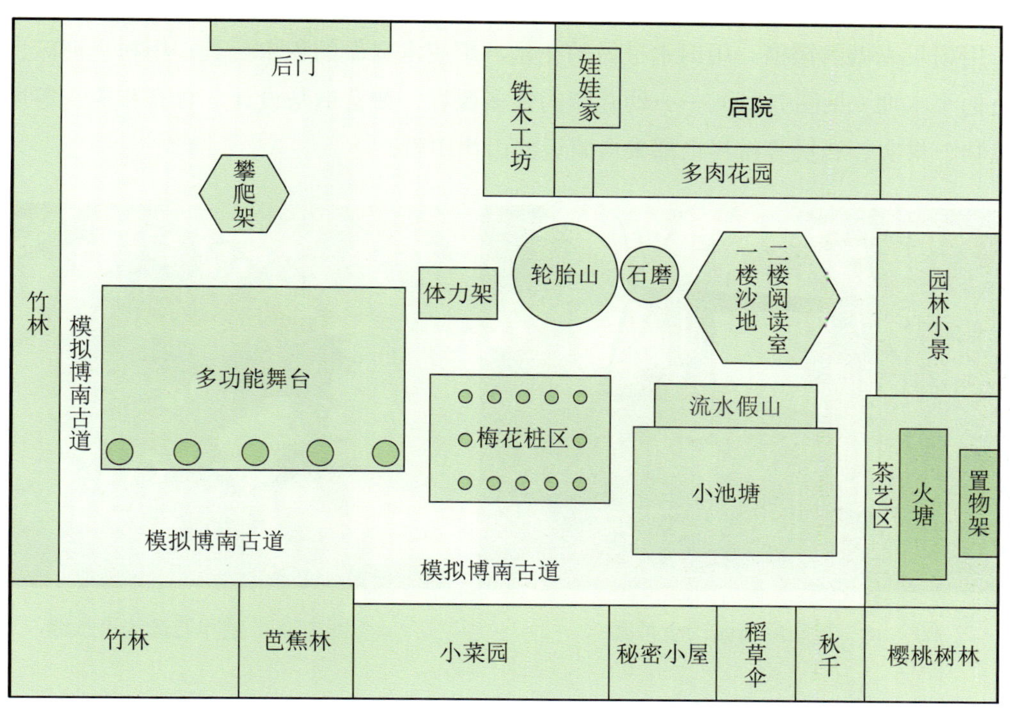

图7-27 官庄幼稚园的户外活动区简图

官庄幼稚园不设围墙，与山坡田野融为一体。在幼儿园内眺望远方，可以看到炊烟袅袅的村庄、层峦叠嶂的山丘和鳞次栉比的梯田。幼儿园的后山是一片原始森林，原生的竹林被用作园区的天然“围墙”。图7-28所示为官庄幼稚园园外的稻田，图7-29所示为官庄幼稚园的天然“围墙”。

图7-28　官庄幼稚园园外的稻田

图7-29　官庄幼稚园的天然“围墙”

在天然“围墙”内，有供幼儿经营的小菜园和樱桃树林。山麓的清泉也被引进园区，用作营造供幼儿学习、嬉戏的流水生态。图7-30所示为官庄幼稚园的小菜园。

同时，园内的诸多设施、器物、装饰都取之自然，如用短树枝做的宣传栏，用竹子做的墙饰，用扇贝壳做的矮檐，用旧木桩做的花盆，用废木料做的积木玩具，用村里河床上的鹅卵石造的小水塘（见图7-31）……幼儿园的很多课程，如营造与设计、食育和美育等所要用到的植物、果实、石块等材料也都来自附近的山川田野。

图7-30　官庄幼稚园的小菜园

图7-31　鹅卵石造的小水塘

自然中的花草树木、虫鸟禽兽、山川河流、风霜雨雪都是鲜活的“教材”。在这样的环境之中，教师可以带领幼儿开展感知自然、探索自然与利用自然等系列教育活动，让幼儿在与自然的亲密接触中获得更为全面的发展。

被嵌入官庄幼稚园的不仅是自然的乡村，也是文化的乡村。立足于周围的环境，幼儿园的课程将插秧、灌溉、秋收、采茶、炒茶等村庄的四时农事活动纳入其中，以期在潜移默化之中让幼儿习得千百年来所积淀的农事活动背后的地方农耕文化。其中较为典型的是春夏之交的“茶”活动。

高山生态茶是大理本地重要的文化符号。每年春夏之交，教师都会带领幼儿采茶、洗茶，然后用架在火塘上的传统大铁锅杀青、捻茶。之后，茶叶又在园区日晒数日，最后才变成用作烤茶的上佳生态茶。图7-32所示为制茶所用的火塘。

图7-32　制茶所用的火塘

在茶艺课程中，教师会和幼儿协作，利用此前自制的茶演示本地烤茶的诸多工序，并调至适合幼儿饮用的浓度，分给他们品尝。在亲身体验采茶、制茶、饮茶的过程中，幼儿便能够深入了解和感受当地文化。

资源匮乏是影响农村学前教育质量的客观因素，但乡村的田间地头、饮食服饰、传说故事、民间艺术等，无不蕴藏着丰富的教育资源。官庄幼稚园在实践中坚持开发、整合和利用农村丰富的乡土教育资源，在环境创设上注重结合当地文化，为当地幼儿营造了一个融乡土文化、自然环境与现代教育理念为一体的独特环境。这种创新性的教育模式，不仅突破了资源局限，更为幼儿园的特色发展开辟了一条崭新的道路。

环创微课堂

幼儿园特色发展中的误区

近十几年来，随着幼儿园教育改革的不断深入，许多幼儿园经历了从开展园本教研制度研究到园本课程研究，再到幼儿园特色发展的探索历程。这其中，有成功的经验和收获，也有一些误区值得反思。幼儿园特色发展中主要存在以下三个误区。

片面理解特色，忽视对幼儿园教育的整体规划

当前，幼儿园特色发展的实践形态比较多样，常见的有特色活动、特色课程和特色课题三种。特色活动是指幼儿园经常或定期进行的比较有特点的活动，如绿色环保活动、种植活动、敬老活动等。特色课程是指在《幼儿园教育指导纲要（试行）》和《3～6岁儿童学习与发展指南》要求之外的课程或从某一点延伸拓展出来的课程，也有人把这类课程统称为“园本课程”，如文明礼仪课程、雪花片建构课程、英语课程、轮滑课程等。特色课题是指一些幼儿园就某一方面连续多年进行立项研究、实践，形成的具有自己特点的系列化研究成果，如生态式美术教育研究、阳光体育活动研究、幼儿阅读活动研究等。

通过对以上三类幼儿园特色的实际考察了解和文本成果分析可以发现，有些特色是适宜的，有些特色最初是适宜的但后来逐渐窄化和僵化，还有些特色从理念、方向到内容、形式都是不适宜的甚至是错误的。这类特色的共同特点是只关注某一点或几点、某一方面或几方面，而缺乏对幼儿园教育的整体思考与规划。

盲目追求特色，忽视幼儿的全面发展和教育原则

《3～6岁儿童学习与发展指南》强调，幼儿园要实施科学的保育和教育，促进幼儿身心全面协调发展，而不应片面追求幼儿某一方面或几方面的发展。相关调查研究和经验证实，一些幼儿园的特色发展违背了幼儿园教育的基本原则和要求，甚至会对幼儿的全面发展产生消极影响。例如，幼儿的学习环境单一化——搞哪方面的特色，环境布置中就充满了相关内容；幼儿获得的经验片面化——搞哪方面的特色，就比较多地让幼儿进行哪方面的活动，缺少其他方面的学习活动和相关经验的获得。

在实践中，幼儿园违背教育原则搞特色的做法也很多见。以语言领域为例，《3～6岁儿童学习与发展指南》强调，应在生活情景和阅读活动中引导幼儿自然而然地产生对文字的兴趣，用机械记忆和强化训练的方式让幼儿过早识字不符合其学习特

点和接受能力。而有些以语言领域某方面为特色的幼儿园却对幼儿进行听读识字式的阅读教学，这不仅是对阅读的曲解，更是对幼儿年龄特点的漠视。

突出个人意志，忽视园所共识和形成共同愿景

园长在幼儿园发展中起着关键作用。园长的专业水平和思想高度往往决定着幼儿园的发展方向和整体水平，但并不是所有的园长都是教育家，都有卓越的思想和杰出的实践。幼儿园在探索特色发展的过程中如果特别突出园长的个人意志，则往往会导致偏差出现。

例如，有些园长将自己擅长的领域或个人倾向确定为幼儿园的特色，缺少对幼儿园发展历史或长期经验积累的充分分析与讨论，没有与幼儿园其他管理者和教师团队达成共识，使幼儿园的发展方向缺乏历史的渊源和共同智慧培植的沃土，甚至出现缺乏科学性的问题。因此，幼儿园的特色创建必须是园长个人想法与所有教职员工及家长形成的共同愿景。

（资料来源：刘占兰，《关于幼儿园特色发展的思考》，《幼儿教育导读》，2021年01期）

一、单项选择题

1．下列选项中，关于幼儿园特色发展的内涵，说法正确的是（　　）。

A．幼儿园的特色发展必须以先进的硬件设施为前提

B．幼儿园的特色发展是长期积淀而成的有别于其他园所独特的办园风貌

C．幼儿园特色发展的核心内容是特色活动

D．幼儿园特色发展无须关注“通过教育要把幼儿培养成什么样的人”的问题

2．在追求特色发展的过程中，幼儿园必须确保特色活动、课程设置、环境创设等都服务于（　　）。

A．课程规划

B．园长意志

C．教育目标

D．家长要求

3．幼儿园的特色发展需要围绕各教育要素进行整体思考和系统规划。下列选项中，不属于幼儿园的教育要素的是（　　）。

A．幼儿园的环境创设和氛围营造

B．幼儿园的课程设置

C．幼儿园教师队伍建设

D．幼儿园的建筑设计

二、简答题

1．简述幼儿园特色发展的要点。

2．举例说明如何依托环境特色提升办园特色。

三、材料分析题

"码"上看解析

材料：某幼儿园从建园之初就把健康作为办园特色，并把足球作为实现这一特色的载体。为更好地打造幼儿园的足球特色，该幼儿园不仅在环境创设中融入了丰富的足球元素，还全力打造了一支专业性非常强的教师队伍。该幼儿园的园长相信，有好的教师队伍就等于成功了一半。于是，他聘请了两位来自体育教育专业且从事幼儿足球教学数年的体育教师。两人在园里开展了多方面的培训工作，提升了教师们对足球活动的认知，让他们掌握了多种足球相关的技能技巧。经过多次的实践探索，教师们弥补了自身在足球专业知识方面的不足，对足球有了更多了解。基于理论培训，教师们以游戏和情景式的教学方式，将幼儿带入丰富多彩的足球世界，打造了独具特色的足球课程，擦亮了幼儿园的办园特色。

请评价上述材料中幼儿园打造办园特色的做法。

探究地方文化如何融入幼儿园教育

地方文化是指一个特定地区内，由当地居民在长期历史发展过程中所创造、积累、传承并体现该地区独特风貌的文化形态。它蕴含着丰富的教育资源。在幼儿园教育中有机融入地方文化不仅有利于增进幼儿对家乡的了解和热爱，而且能够促进中华优秀传统文化的传承和创新，是幼儿园特色发展的重要路径之一。你知道自己家乡所在地的地方文化吗？

请学生以小组为单位开展一次探究活动，了解自己家乡所在地的地方文化，并思考如何将其融入幼儿园的教育之中。

【活动步骤】

（1）全班同学分成若干小组，每组3～5人，各组选出1名组长。

（提示：各小组成员最好都来自同一个地方）

（2）各组成员合理分工，通过搜索网络、查阅图书、访谈等方式广泛搜集自己家乡所在地地方文化的相关资料。

（3）各组成员在组长的带领下讨论、梳理所搜集到的资料，并思考如何将其融入幼儿园的教育之中。

（4）各组组长将讨论结果整理成完整的方案。

【活动交流】

（1）各组派代表在班级中汇报此次探究活动的成果。

（2）各组自由讨论，交流心得感悟。

（3）每个成员总结此次调查讨论活动。要求：① 总结收获及经验教训；② 写出自己对地方文化融入幼儿园教育的看法。

____

____

____

____

____

____

____

____

____

____

____

____

【综合评价】

请学生本人、小组成员、指导教师针对学生在本模块的实际学习成果进行评价，完成表7-1所示的学习成果评价表。

表7-1　学习成果评价表

<table>
<tr><td>班级</td><td></td><td>组号</td><td></td><td>日期</td><td colspan="3"></td></tr>
<tr><td>姓名</td><td></td><td>学号</td><td></td><td>指导教师</td><td colspan="3"></td></tr>
<tr><td>项目</td><td colspan="3">评价内容</td><td>分值</td><td>自评</td><td>互评</td><td>师评</td></tr>
<tr><td rowspan="3">理论知识（30%）</td><td colspan="3">能简要阐述幼儿园特色发展的内涵</td><td>10</td><td></td><td></td><td></td></tr>
<tr><td colspan="3">能结合实例简要阐述幼儿园特色发展的要点</td><td>10</td><td></td><td></td><td></td></tr>
<tr><td colspan="3">知道如何依托环境创设提升办园特色</td><td>10</td><td></td><td></td><td></td></tr>
<tr><td rowspan="4">活动实施（40%）</td><td colspan="3">积极参与课堂内外交流，认真做好实践活动准备</td><td>10</td><td></td><td></td><td></td></tr>
<tr><td colspan="3">勤于实践，勇于创新，在活动中表现积极，能充分发挥个人作用</td><td>10</td><td></td><td></td><td></td></tr>
<tr><td colspan="3">能合理利用各种手段搜集资料，详细了解家乡所在地的地方文化</td><td>10</td><td></td><td></td><td></td></tr>
<tr><td colspan="3">对地方文化如何融入幼儿园教育这一问题的思考较为深入，设计的方案具有现实意义，且要点突出、逻辑清晰、表述准确；汇报时表达流畅，且能吸引听众兴趣</td><td>10</td><td></td><td></td><td></td></tr>
<tr><td rowspan="3">综合素养（30%）</td><td colspan="3">具备自主学习意识和独立思考能力，能够利用课余时间主动复习功课，并针对有疑惑的地方主动到图书馆查阅资料或与同学和教师进行深入探讨</td><td>10</td><td></td><td></td><td></td></tr>
<tr><td colspan="3">具备良好的团队合作精神，能够在课堂活动和实践活动中与他人相互协助、合作学习</td><td>10</td><td></td><td></td><td></td></tr>
<tr><td colspan="3">具有一定的创新意识，遇到问题时能够积极思考并发散思维，尝试从不同角度思考问题，为团队提供解决问题的新思路和新方法</td><td>10</td><td></td><td></td><td></td></tr>
<tr><td>总评</td><td colspan="4">自评（20%）+互评（30%）+师评（50%）=</td><td></td><td></td><td></td></tr>
<tr><td>自我评价</td><td colspan="7"></td></tr>
<tr><td>教师评价</td><td colspan="7"></td></tr>
</table>

模块八

以评促教，高质发展——幼儿园环境评价

模块导读

幼儿园环境评价是幼儿园环境创设的重要组成部分。它有助于教师了解幼儿园环境创设的现状并发现问题，为改进和优化幼儿园环境提供科学的依据。同时，幼儿园环境评价也是调整和改进幼儿园环境创设，提高幼儿园教育质量的必要手段。

知识目标

- 明确幼儿园环境评价的重要性、类型和内容。
- 掌握幼儿园环境评价的原则、方法和步骤。

能力目标

- 能独立制订一套完整的幼儿园环境评价方案。
- 能灵活运用不同的评价方法进行幼儿园环境评价。

素质目标

- 提高观察力，能发现并认真记录幼儿园环境中的问题。
- 培养责任感，明确自己在幼儿园环境评价中的责任和义务，愿意积极参与幼儿园环境改善工作。

探儿童视角，创灵动环境

在幼儿园的环境创设中，所谓的“儿童视角”应该是倾听幼儿的“心声”，与幼儿“对话”，使环境创设回归生活、追随自然。

为进一步诠释“环境育人”的理念，让幼儿真正在与环境的互动中成长，某市的几家幼儿园一起开展了“探儿童视角，创灵动环境”班级环境创设观摩评比活动。

创设环境——从儿童视角出发

在评比活动开始前，教师们尽量站在幼儿的角度，通过各种方式与幼儿互动，感受幼儿的内心世界，在满足幼儿兴趣和成长需求的基础上，带动幼儿一起参与到环境创设的过程中。

各班创设的环境都充满了“故事味”。在这些充满故事的环境中，幼儿可以变成大自然的“美化师”，乐此不疲地在“森林里”搭房子、种植花草树木；还可以变身成为“奔跑的精灵”，在“稻田”里自由自在地嬉戏；幼儿还是未来世界的主人，他们创造了各种各样的“机器人”，为人类服务……

讲解环境——凸显儿童立场

带着对“环境中‘我’是谁？‘我’应该怎么做？”“幼儿是谁？幼儿应该获得什么？”等问题的思考，教师们走进各个班级。各班教师根据课程目标、办园理念及自己的教育理念，结合本班幼儿的年龄特点、兴趣爱好等因素，向参加活动的教师们介绍本班的整体风格和环创思路，班班有亮点，班班有特色。参加活动的教师们带着欣赏与学习的心态走进每个班级，边看边思考、边学习边交流，思想的火花在瞬间碰撞，使得此次活动的意义远超观摩评比本身，如图8-1所示。

图8-1　教师们在观摩

观摩环境——幼儿处处留痕

幼儿成长的足迹呈现在走廊、墙面等幼儿园的各个地方。在这些环境中，幼儿可以随时回顾自己的游戏经历，欣赏自己的手工作品，从而感受到自己是环境的主人。同时，环境中的每个细节也体现出各班教师对环境创设的理解和对课程的深入思考。

参加活动的教师们可以在环境中看到幼儿观察、交流、探索的痕迹，通过品味环境里的各处细节，感受幼儿在游戏时天马行空的思考、记录，以及幼儿在交往和创作时的状态，并在看、听、触摸中体会每一面墙、每一种材料所体现出的各班教师和幼儿对环境的理解。

教师们还会用手中的笔和手机不断记录自己看到的优秀环境素材，并纷纷留言，表示“看到了环境中师幼之间的积极互动”，认为基于“儿童视角”的环境真正做到了“幼儿处处留痕”。这不仅是一次幼儿园环境创设观摩评比活动，还是一次难得的立体业务学习和园本教研活动。

研讨环境——引领教师成长

观摩促成长，研讨共进步。教师们畅所欲言，从环境的创意、设计、布置，幼儿的参与度等方面表达自己的观点。

通过本次活动，教师们对于班级环境创设有了更多的思考与见解，对环境的敏感度也进一步增强。相信教师们会将所思、所感化作具体的行动，在环境创设的过程中注重“儿童味”，让幼儿的思想看得见、让幼儿的学习看得见、让幼儿的经验看得见、让幼儿的愿望看得见，从而使幼儿园环境创设真正服务于幼儿。

思考与探究：

（1）幼儿园环境评价主要包括哪些内容？

（2）怎样开展一次有意义的幼儿园环境评价活动？

探索一　熟悉幼儿园环境评价的基础知识

一　幼儿园环境评价的重要性

幼儿园环境评价是依据一定的标准和程序，有目的、有计划、有组织地对幼儿园环境的各方面进行深入调查和科学分析，并作出价值判断的过程。

具体来说，幼儿园环境评价的重要性主要体现在以下几个方面。

（一）对幼儿的重要性

优质的教育环境能够促进幼儿认知、情感、社交等多方面的发展，为幼儿未来的学习和生活打下坚实基础。幼儿园环境评价可以评估环境创设对幼儿的教育效果，促使幼儿园根据评价反馈积极改善、提升环境质量，以便更好地服务于幼儿，进一步促进幼儿全面、健康发展。

（二）对教师的重要性

幼儿园环境评价是教师对环境创设的目标、方法、过程、成果等进行审视，并进行自我反思的重要方式。具体而言，幼儿园环境评价既可以帮助教师了解环境创设是否符合幼儿的身心发展特点，又可以帮助教师及时发现环境创设中存在的问题，找出造成问题的原因，以便改进工作，提高教育质量。幼儿园环境评价还可以帮助教师鉴定环境创设的价值，明确环境创设是否能够达成教育目标，以及教育目标达成的具体程度，从而提升教学水平。

（三）对家长的重要性

幼儿园环境评价可以帮助家长在选择幼儿园时做出更加理性、全面的判断，以确保自己的幼儿在一个和谐、温馨、充满童趣的环境中接受高质量的教育，为幼儿的成长和发展提供有力保障。

（四）对幼儿园的重要性

幼儿园环境对幼儿园教育质量的提高具有重要影响。幼儿园环境评价可以帮助幼儿园通过对幼儿园环境信息的收集、整理和分析，了解自身环境创设的优缺点，为其进一步改进环境创设方式方法、提升环境对幼儿的教育价值、丰富幼儿的环境体验，并为幼儿创设更加安全、健康、自由、轻松的环境提供支持。

二　幼儿园环境评价的原则

幼儿园环境评价的原则是指贯穿于幼儿园环境评价全过程的根本规则，是评估者在进行幼儿园环境评价时应遵循的基本准则。它主要包括客观性原则、全面性原则、发展性原则和可行性原则。

（一）客观性原则

客观性原则是指在进行幼儿园环境评价时，评价者应秉承实事求是的态度，客观地评价幼儿园环境。例如，在评价幼儿园班级环境时，评价者应该综合考虑教师的专业水平、幼儿的年龄特点和班级环境资源等情况，仔细观察班级环境的布局、色彩、卫生等方面。同时，评价者应运用相关的专业知识和技能，结合评价指标实事求是地分析和评价班级环境，不能以评价者的个人喜好或偏见为标准。

评价者在对幼儿园环境进行评价时，应做到以下几点：① 要选择科学、可靠的评价体系；② 要采用科学、客观的评价方法；③ 应建立多方参与的评价机制，让更多的教育力量

（如家长、教师、幼儿园的管理人员、相关管理机构的人员等）共同参与评价活动，进而降低或避免评价的主观性；④ 应本着公正、公开、公平的原则，多角度、多层面地对幼儿园环境进行评价，不能凭借个人感情进行主观臆断。

（二）全面性原则

全面性原则是指评价指标要全面，搜集信息的方式要多样，分析信息的角度要全面。遵循全面性原则，要求评价者对幼儿园环境进行评价时，应结合教育目标和幼儿的身心发展特点，全面考虑教师、幼儿、家长等因素，制订系统且具体的评价标准，综合使用多种方法，全面了解幼儿园环境创设的各个方面并进行评价，使评价结果更加科学、准确。

（三）发展性原则

发展性原则是指评价者应用发展的眼光看待环境创设，将环境创设与幼儿成长联系起来。幼儿园的环境创设不是随意的，也不是一成不变的，它需要根据教育目标和幼儿的发展水平不断调整。评价者在评价幼儿园环境创设时，应在注重幼儿园环境的美观度、环保性、创新性的基础上，重点关注幼儿园环境是否能促进幼儿在活动中不断成长。同时，应充分发挥评价的诊断和反馈功能，为幼儿园环境创设提供有效的指导。

（四）可行性原则

可行性原则是指幼儿园环境评价应该设置一定的量化标准，将环境布置嵌入日常的学期、月、周、日及每一个活动计划中，从而保证评价可以被有效实施。由于评价过于繁杂会造成人力、物力的浪费，给评价对象带来一定的负担，并降低评价对幼儿园环境创设的指导作用，评价者应合理安排评价周期，选择科学、简便、易操作的评价方法，确保评价方案能对环境创设真正起到诊断和指导的作用。

三 幼儿园环境评价的类型

（一）整体评价与局部评价

按照评价范围的不同，幼儿园环境评价可分为整体评价和局部评价。

1. 整体评价

整体评价是指对幼儿园环境进行全面的评价，包括物质环境评价和精神环境评价。其中，物质环境评价主要是对幼儿园的各种建筑、设施、设备、绿化，以及各区域的空间布局、活动材料等进行的评价；精神环境评价主要是对幼儿园的教育理念、教师教育行为、师幼关系、幼儿活动状态、园所制度等进行的评价。

2. 局部评价

局部评价是指对幼儿园环境中的某一个或几个部分进行的评价，如对班级墙面进行评价、对活动区进行评价等。

（二）过程性评价与结果性评价

按照评价时间的不同，幼儿园环境评价可分为过程性评价与结果性评价。

1. 过程性评价

过程性评价是针对评价对象在发展过程中的变化所进行的评价。这种评价多由评价者通过观察、谈话、记录等方式进行，可以为教师及幼儿园管理人员提供翔实而明确的反馈信息，帮助他们及时发现环境创设中的问题，为改善环境提供可靠的参考依据。

2. 结果性评价

结果性评价是指环境创设活动结束后，对其创设成果所进行的评价。结果性评价可以帮助教师了解环境创设的目标是否达成，发现自己所创设的环境的优势与不足，从而为创设更好的幼儿园环境提供保障。

小贴士

在进行幼儿园环境评价时，评价者往往会将过程性评价和结果性评价结合起来，很少只采用其中的一种评价。

（三）内部评价与外部评价

按照评价主体的不同，幼儿园环境评价可分为内部评价与外部评价。

1. 内部评价

内部评价是指幼儿园内部人员（如教师、园长）对幼儿园环境进行的评价。内部评价易于执行且不需要动用大量的公共成本，有利于幼儿园对自身进行监测和提升。幼儿园通常会开展常态化内部评价，为内部人员提供互相交流的学习机会，并以此提升自身的环境创设水平。

内外评价融合，共创优质教育环境

小贴士

《幼儿园保育教育质量评估指南》指出：“幼儿园应建立常态化的自我评估机制，促进教职工主动参与，通过集体诊断，反思自身教育行为，提出改进措施。同时，有效发挥外部评估的导向、激励作用，有针对性地引导幼儿园不断完善自我评估，改进保育教育工作。”

2. 外部评价

外部评价是指幼儿园外部人员（如家长、教育行政部门的相关人员、第三方机构、其他幼儿园的教师或管理人员等）对幼儿园环境进行的评价。外部人员往往能够更加客观地对幼儿园环境进行评价，发现一些幼儿园内部人员察觉不到的问题，从而为幼儿园改善环境并更好地服务幼儿提供参考。

小贴士

内部评价和外部评价各有缺点。内部评价难以保证评测数据的真实性及结果的客观性；而外部评价往往需要专业人员入园进行较长时间的跟踪观察，完全依靠外部力量对幼儿园环境进行的评价很难实现。因此，很多幼儿园在进行评价时都会采用内部评价与外部评价相结合的方式。

四 幼儿园环境评价的内容

幼儿园环境评价的内容主要包括对幼儿园环境本身的评价、对教师的评价和对幼儿的评价3个方面。

（一）对幼儿园环境本身的评价

1. 对环境创设目标的评价

对幼儿园环境创设目标的评价主要包括以下几个方面。

（1）教育性：目标是否能结合幼儿的身心发展特点，关注幼儿知识、经验的增长，以及幼儿的全面发展；是否能考虑到环境的教育功能，为引导幼儿主动学习和探索提供指导。

（2）适宜性：目标是否能兼顾群体需要和个体差异；是否能够达到安全、舒适等基本要求。

（3）美观性：目标是否将环境的美观性与幼儿的审美要求相结合，考虑了色彩和装饰的和谐性、趣味性，布局的合理性；是否能吸引幼儿的注意力并激发他们的想象力。

（4）参与性：目标是否鼓励幼儿参与到环境创设中，并与环境、教师互动；是否鼓励幼儿自由探索、表达和交流。

2. 对环境创设成果的评价

对幼儿园环境创设成果的评价主要包括以下几个方面。

（1）物质环境的评价。评价者应注意考虑以下几个方面：① 幼儿园的占地面积和绿化面积，以及教室、活动室、盥洗室和储藏室等区域的配置是否符合相关要求，各项活动的器械设备是否安全、适宜，走廊和墙面的装饰是否兼具教育性、美观性、趣味性等；② 环境所体现的各种细节是否与幼儿园以幼儿为本的理念相符；③ 室内活动区、主题墙等幼儿活动场地的环境创设是否体现了幼儿的参与过程、参与程度，以及幼儿与教师、幼儿与幼儿、幼儿与环境之间的良好互动，是否充分开发和利用了环境教育资源等；④ 环境中各区域的规划、主题、内容，各种装饰的构图、色彩，活动及游戏时间的安排，玩具、材料的投放与更换等是否与幼儿的身心发展特点和幼儿教育目标相符。

例如，某幼儿园在中秋节前夕，开展了以中秋节为主题的环境创设，让幼儿了解中秋节的起源和习俗。随后，该幼儿园对各班在此次活动中的环境创设进行了评比，重点观察环境是否给幼儿提供了一个了解中秋节的平台，是否体现了幼儿对中秋节的认识，是否增长了幼儿的相关经验等。

（2）精神环境的评价。评价者应注重考察幼儿园的各项制度和规范是否以安全为中心；观察幼儿与环境互动时的精神状态是否良好；幼儿园是否在环境中创造了各种让幼儿合作、分享、互助的机会；等等。

（二）对教师的评价

对教师的评价主要包括以下几个方面。

（1）评价者应着重分析教师是否具有环境创设的基础知识和相关技能。

（2）评价者应了解教师在环境创设过程中是否遵循了环境创设的基本原则，所使用的方法是否恰当。

（3）评价者应了解教师在环境创设中是否充分尊重幼儿的主体地位，是否鼓励和支持幼儿发表自己的想法，是否积极引导幼儿参与环境创设。

（4）评价者应了解教师是否能在环境创设中满足幼儿的需要；是否能够发现幼儿在环境创设过程中产生的问题，并及时做出调整。

经典案例

一位幼儿教师在教室里设置了一个装饰华丽的阅读区，摆放了精美的书架和舒适的坐垫，还放置了一些绘本。然而，在日常观察中，评价者发现幼儿对这个阅读区的兴趣并不浓厚，他们很少主动进入阅读区阅读书籍，更多的是在教室其他区域玩耍。

评价者经过分析，认为这个阅读区过于注重装饰而忽略了实用性，没有充分考虑到幼儿的兴趣和需求，缺少幼儿感兴趣的书籍。同时，该班教师在平时的活动中没有将阅读区的创设与课程目标相结合，很少设置故事会、角色扮演等活动来激发幼儿的阅读兴趣，很多幼儿对阅读的兴趣不大，使得阅读区逐渐成为一个装饰性的角落。

观察结束后，评价者与该教师进行了积极探讨，指出了该教师在创设阅读区环境时出现的问题，并提出了一些建议。该教师接受了建议，重新创设了阅读区环境，并在之后的区域活动中，加入了一些可以激发幼儿阅读兴趣的内容。

（三）对幼儿的评价

幼儿既是幼儿园环境创设的主体，又是幼儿园环境评价的重要对象。对幼儿的评价主要包括对幼儿参与程度的评价和对幼儿参与效果的评价两个方面。

1. 对幼儿参与程度的评价

幼儿参与环境创设的程度可以分为积极主动地参与、一般参与和未参与三个层次。对幼儿参与程度进行评价不仅能了解教育活动的主题是否适合幼儿，还能了解教师是否有效地引导幼儿参与了环境创设。

对幼儿参与环境创设程度的评价，评价者可以从以下几个方面进行考量。

（1）参与广度：评估有多少幼儿参与了环境创设；观察幼儿参与的环境创设是否涵盖了室内和室外空间，是否涉及不同的类型。

（2）参与深度：分析幼儿参与环境创设的程度，了解环境创设成果是否真正体现了幼儿在各阶段的想法；观察幼儿是简单地将图片或物品摆放到环境中，还是真正参与到了环境的设计、布置过程中。

（3）主动性：观察幼儿是否能够积极、主动地参与环境创设，评估幼儿对环境创设的兴趣和热情，以及他们是否愿意持续参与到环境创设中。

（4）合作与分享：观察环境中的各项成果是否体现了幼儿相互学习、相互支持的过程。

（5）创造性表现：评估幼儿在环境创设中是否充分发挥了想象力与创造力，提出了新颖的想法和解决方案；观察环境中的各项成果是否体现了幼儿对现有资源的充分利用和改造。

（6）反馈与反思：鼓励幼儿思考自己参与环境创设的过程和收获，了解幼儿对环境的满意度。

2. 对幼儿参与效果的评价

对幼儿参与环境创设效果的评价，评价者可以从以下几个方面进行考量。

（1）知识经验：分析幼儿在参与环境创设后是否学到了一些与教育活动主题有关的知识经验，是否想要了解更多与主题相关的内容，是否提高了相关的能力等。

（2）环境适应性：观察幼儿是否对新创设的环境表现出良好的适应性，是否能够自然、舒适地在环境中游戏、学习和探索。

（3）创造性：分析幼儿在参与环境创设后，是否能够表现出更多的创造性行为，是否能够利用环境中的各种材料进行二次创作；观察幼儿是否能够在活动中发现问题并提出初步的解决方案。

（4）互动能力：考察幼儿在参与环境创设后，是否能够更加积极地与同伴、教师和家长进行互动，是否愿意分享自己的作品和想法，是否愿意与他人合作；分析幼儿是否提高了表达能力和与人交往的能力。

（5）自我认同与自信心：评估幼儿在参与环境创设后，是否愿意自豪地展示自己的作品，并愿意与他人分享自己的经验；观察幼儿是否能够在活动中表现出更多的主动性和积极性，是否勇于尝试新事物和接受新挑战。

（6）环境维护：分析幼儿在参与环境创设后，是否更加珍惜和爱护环境，是否愿意自觉遵守各项规则，是否能在日常生活中主动参与到环境的维护中，如整理玩具、清理垃圾等。

经典案例

某幼儿园开展了一次环境创设观摩评比活动。教师们先走进某班，观摩了该班以“我们的城市”为主题的环境创设项目。据该班教师介绍，在环境创设前，教师先与幼儿讨论了城市的各个方面，如建筑、交通、人们的日常生活等，并鼓励幼儿分享他们对于城市的想法和喜好。接下来，教师将幼儿的意见和建议整合到环境创设中，与幼儿一起动手制作装饰物，布置环境。通过参与环境创设，幼儿的责任感和成就感有所增强，其主动性和创造力也有所提高。同时，该班教师充分尊重幼儿的想法和意见，将他们的意见整合到环境创设中。这样的做法体现了以幼儿为中心的教育理念，让幼儿感受到自己的价值和重要性。

观摩教师还与该班幼儿进行了谈话。观摩教师发现，通过参与环境创设，幼儿不仅学到了关于城市的知识，还锻炼了动手能力和团队合作能力。观摩结束后，来参加观摩的教师们一致认为在该班的环境创设中，幼儿参与环境创设的程度非常高、参与环境创设的效果也很明显，最终给予了该班较高的评价。

探索二 掌握幼儿园环境评价的方法与步骤

掌握幼儿园环境评价的方法和步骤是顺利开展幼儿园环境评价活动的前提。

一 幼儿园环境评价的方法

（一）观察评价法

观察评价法是指评价者运用感官或仪器，有目的、有计划地对环境及环境中的教师、幼儿进行即时观察，并对观察结果做出评价的方法。观察评价法直接、便捷，使用范围广泛，是教育评价中最常用的方法之一。其优点在于简单易行，所搜集到的评价信息可信度较高；缺点在于观测结果不易量化，无法进行重复验证，并且对评价者的观察能力有较高的要求。

评价者在运用观察评价法时应注意以下几点：① 要有明确的观察目的；② 在不影响观察对象正常的教学活动和生活的前提下进行观察；③ 要将观察到的信息及时记录下来。

例如，在美工区，评价者可以观察材料是否能够吸引幼儿主动探索，幼儿是如何在环境中活动的、是否能在环境中得到相关的知识经验，以及幼儿是否能够与同伴合作等。通过观察，评价者可以了解环境是否能够激发幼儿的游戏兴趣，是否满足了幼儿的需求，以及是否能够促进幼儿的社会性发展等内容。

（二）谈话评价法

谈话评价法是指评价者通过与教师或幼儿进行直接的口头交流，获取环境的相关信息并做出评价的方法。谈话可以通过问答或讨论等方式进行，其优点在于直截了当，能让评价者快速了解被评价教师或幼儿对幼儿园环境的看法；其缺点在于被评价教师或幼儿容易受评价者的态度、谈话水平、语气等方面的影响，所搜集的信息可能会与真实情况存在偏差。

例如，为了评价幼儿园户外游戏环境是否满足幼儿的需求，评价者可以与幼儿进行一对一谈话或以小组形式进行谈话。在谈话中，评价者可以提出以下问题来引导幼儿表达自己的想法。① 你喜欢进行户外游戏吗？② 在户外游戏中，你最喜欢玩的是什么？你最不喜欢玩的是什么？③ 在幼儿园的户外活动场地中，最吸引你的是哪里？④ 在户外游戏中，你学到了哪些本领？

通过与幼儿的交流，评价者可以收集到幼儿对环境的真实感受和需求。例如，有的幼儿可能会提到自己喜欢攀爬架；有的幼儿可能觉得沙池太小，希望沙池能大一点；还有的幼儿可能想要滑梯的功能更多一些；等等。基于幼儿的反馈，评价者可以给相关教师提出改进建议。这样，不仅能够满足幼儿的需求，提高他们对环境的满意度，还能够帮助教师提高环境创设水平。

在运用谈话评价法时，评价者应做到以下几点。

（1）做好准备工作，如设计好谈话的提纲、选择适当的谈话形式、了解被评价教师或幼儿的基本情况、选择适当的谈话时间和地点等。

（2）营造轻松、自然、亲切、愉快的谈话氛围。

（3）学会倾听。评价者应当耐心、安静地倾听，让被评价教师或幼儿畅所欲言，不能随意打断被评价教师或幼儿的思路，以免让被评价教师或幼儿产生紧张情绪，使他们不敢说出自己的真实想法，进而影响评价效果。

（三）成果评价法

成果评价法是指根据幼儿园环境创设所呈现出来的信息，分析教师的环境创设水平和幼儿的参与程度，检验环境创设效果的一种评价方法。成果评价法的优点在于评价者能较为直观地了解环境创设是否达到了教学目标；缺点在于评价者所获得的结果，不能体现出幼儿在环境创设过程中的参与程度，以及幼儿知识经验的提高情况。

在运用成果评价法时，评价者可以从以下几个方面入手：① 环境是否符合教育目标，是否能够充分体现教育成果；② 环境是否美观舒适，环境中的色彩搭配是否协调、装饰是否精致、空间布局是否合理；③ 环境是否能吸引幼儿的注意力，激发幼儿的兴趣；④ 环境是否安全卫生；⑤ 环境是否能体现幼儿园或班级的特色；⑥ 环境是否融入了本地文化和中华优秀传统文化的内容；等等。

（四）等级评价法

等级评价法是指评价者根据评价量表对幼儿园环境做出等级评定的方法。国内外幼儿教育界高度重视幼儿园环境评价工作，先后开发并设计了一系列从整体环境、专项环境（安全环境、运动环境、物质环境等）到班级环境等不同层级或维度的专门的幼儿园环境评价量表。其中，具有代表性的幼儿园环境评价量表有美国开发的《幼儿学习环境评价量表（修订版）》（ECERS-R）、《家庭日托评量表》（FDCRS）、《婴儿学习环境评量表》（ITERS）、《学龄儿童照顾环境评量表》（SACERS），英国开发的《运动环境评量表》（MOVERS）等。

我国学者针对国际上有关量表在本土的适用性问题做了大量的研究，并结合我国幼儿园教育实际，开发出了一系列幼儿园环境评价量表。例如，刘焱、潘月娟等学者借鉴ECERS-R的结构形式，依据《幼儿园工作规程》和《幼儿园教育指导纲要（试行）》编制了《幼儿园教育环境质量评价量表》，该量表包含物质环境创设、人际互动、生活活动和课程4个领域，共25个项目。我国幼儿教育工作者还参考国际和国内的各种环境评价量表，自行编制了一个简单实用的幼儿园环境评价量表，如表8-1所示。

表8-1 幼儿园环境评价量表

一级指标	权重	二级指标	权重	三级指标	权重	评价等级				评价结果
						A 95分	B 80分	C 65分	D 50分	
户外环境	0.4	幼儿园基本情况	0.2	幼儿园位于安全区域，环境优美，布局科学、合理，建筑符合幼儿年龄特点，整体和谐，富有美感，远离工厂及闹市区，交通便利	0.5					
				幼儿园办园目标明确，宣传栏能体现办园特色和文化内涵，具有艺术性和教育性	0.5					
		绿化	0.1	能根据园舍情况进行绿化，花草树木立体种植，错落有致，具有欣赏性和装饰性	1					
		室外活动场地与设备	0.7	有足够的活动场地，可以开展各项活动，安全性能高，地面平坦，人均面积不少于4平方米	0.3					
				有适宜的区角，空间利用合理，用具齐全，有定期活动安排	0.2					
				有室外大型器械（3件以上）；根据幼儿特点为幼儿提供站、爬、平衡、攀登的活动器械，种类多样，能满足幼儿需求，并保持卫生	0.3					
				有休闲区，休闲区内有兼具装饰性、实用性的桌子和椅子	0.2					
室内环境	0.6	门窗设置	0.2	根据幼儿年龄特点设置主题，利用自我作品进行布置，能体现园所文化及本土特点，具有教育性及装饰性	0.5					

续表

<table>
<tr><th rowspan="2">一级指标</th><th rowspan="2">权重</th><th rowspan="2">二级指标</th><th rowspan="2">权重</th><th rowspan="2">三级指标</th><th rowspan="2">权重</th><th colspan="4">评价等级</th><th rowspan="2">评价结果</th></tr>
<tr><th>A
95分</th><th>B
80分</th><th>C
65分</th><th>D
50分</th></tr>
<tr><td rowspan="8">室内环境</td><td rowspan="8">0.6</td><td rowspan="2">门窗设置</td><td rowspan="2"></td><td>设有家园联系栏，材料丰富多样，教育目标、教育内容具有可读性，家园联系、亲子内容能体现互动性</td><td>0.3</td><td></td><td></td><td></td><td></td><td></td></tr>
<tr><td>楼道口有安全提示标记、作品展示及保护措施</td><td>0.2</td><td></td><td></td><td></td><td></td><td></td></tr>
<tr><td>室内墙面</td><td>0.1</td><td>根据课程要求，结合季节变化，设置内容丰富、形式多样、色彩明快、美观温馨的墙面，重视体现幼儿主体性和创造性</td><td>1</td><td></td><td></td><td></td><td></td><td></td></tr>
<tr><td rowspan="5">活动区布置</td><td rowspan="5">0.4</td><td>活动室、休息室安全卫生，空气流通好，光线充足，整洁无灰尘，各类玩具及用具按时消毒，活动区内无锐利、有毒、易碎物品</td><td>0.2</td><td></td><td></td><td></td><td></td><td></td></tr>
<tr><td>活动区设置符合班级特征与教育要求，根据幼儿特点投放丰富且具有可操作性的各类材料，能让幼儿根据自身能力及意愿自由选择活动内容</td><td>0.2</td><td></td><td></td><td></td><td></td><td></td></tr>
<tr><td>各类材料和桌椅等设备符合国家标准，各类活动区域安全无尖角</td><td>0.2</td><td></td><td></td><td></td><td></td><td></td></tr>
<tr><td>有钢琴、一体机等设备</td><td>0.1</td><td></td><td></td><td></td><td></td><td></td></tr>
<tr><td>活动区动静分开，能考虑便利性与幼儿实际需求，有清晰的标识，能够发挥隐性的环境育人价值</td><td>0.3</td><td></td><td></td><td></td><td></td><td></td></tr>
</table>

续表

一级指标	权重	二级指标	权重	三级指标	权重	评价等级				评价结果
						A 95分	B 80分	C 65分	D 50分	
室内环境	0.6	其他室内布置	0.3	盥洗室地面防滑，水龙头高度适合幼儿，一人一巾一杯且标志清晰，便于幼儿取放，厕所干净无异味，便池的深度、高度、宽度适宜	0.2					
				厨房卫生、整洁，用具齐全，生熟分开，标志明确，厨房工作人员衣帽干净、整洁	0.2					
				保健室常用药品、设备齐全，保健人员衣帽干净整洁，幼儿的膳食营养且有详细记录	0.3					
				园长室、会议室、教师办公室等场所整洁、卫生、美观，制度可见，档案齐全	0.2					
				幼儿作品栏高度适中，布置美观且有特色，能定期更换作品	0.1					

注：等级A：符合三级指标标准，有实用性和价值。
等级B：符合三级指标标准，还需要进一步提高。
等级C：符合三级指标标准，但存在一些问题，需要改进。
等级D：不符合三级指标标准。

（五）问卷调查评价法

问卷调查评价法是指由评价者根据环境评价的目的和内容，制作问卷并向教师、幼儿、家长发放，以便广泛搜集有关幼儿园环境信息的方法。问卷调查评价法的优点在于成本较低，调查结果易量化；缺点在于无法从问卷中了解教师和幼儿对环境创设的真实想法，部分调查结果可能存在言不符实的情况。

问卷调查评价法实用指南

二 幼儿园环境评价的步骤

（一）制订评价方案

一套完整的评价方案一般包括评价目的、评价内容、评价方法、评价指标、评价时间等内容。评价者在制订评价方案时，应先确定评价目的（如提高教师的环境创设水平）和评价内容（如主题墙的布置、走廊作品展示等），选择适宜的评价方法，确定详细、客观的评价指标，选择合适的评价时间，并把这些内容撰写成评价方案。

经典案例

某市准备组织相关专家对全市幼儿园进行一次环境评价活动，其制订的幼儿园环境评价方案如下。

一、评价目的

本评价方案旨在评估各幼儿园环境是否满足幼儿的身心发展需求，确保幼儿园环境安全、舒适，并能够激发幼儿的好奇心和探索欲望。

二、评价内容

1．硬件设施评价

（1）建筑安全：检查幼儿园建筑是否符合安全标准，如防火、抗震等。

（2）室内环境：评估室内空间布局是否合理，采光、通风是否良好。

（3）设施配备：检查教学设施、游戏设施等是否齐全，是否更新及时。

2．软件环境评价

（1）师资力量：评估教师队伍的专业素质、教育经验，以及与幼儿的互动能力。

（2）课程设置：检查课程设置是否全面，是否符合幼儿身心发展规律且具有创新性。

（3）教育氛围：评估幼儿园的教育氛围是否和谐、温馨，是否有利于幼儿心理健康。

3．管理与服务评价

（1）卫生管理：检查幼儿园卫生管理是否规范，确保饮食、餐具、玩具等卫生安全。

（2）安全管理：评估幼儿园的安全管理制度是否完善，确保幼儿在园安全。

（3）家园共育：评价幼儿园与家长的沟通、合作是否紧密，是否能共同关注幼儿成长。

三、评价方法

本次评价主要采用以下三种方法。

（1）观察评价法：通过实地观察幼儿园环境，了解硬件设施、软件环境及管理与服务情况。

（2）谈话评价法：与教师、家长及幼儿进行访谈，了解他们对幼儿园环境的看法和建议。

（3）问卷调查评价法：向家长发放问卷，收集他们对幼儿园环境的满意度及建议。

四、评价指标

详细的评价指标见附件1（略）。

五、评价时间

评价时间暂定20××年5月13日—20××年5月17日。活动期间，各幼儿园需要根据相关时间要求开放相关区域的活动，以便评估人员观摩评价。

今后，全市将会在每个学年进行幼儿园环境评价活动，以确保各幼儿园环境始终满足幼儿身心发展需求。同时，各幼儿园需要根据评价结果及时改善环境创设效果，提高环境创设水平，促进幼儿园环境不断优化。

（二）组织评价小组

为了保证评价的客观性，相关部门或幼儿园管理者应组建由教育专家、幼儿园教师和管理人员、家长代表等多方人员组成的评价小组对幼儿园环境进行评价。

小贴士

《幼儿园保育教育质量评估指南》指出，“要切实加强评估队伍建设，建立一支尊重学前教育规律、熟悉幼儿园保育教育实践、事业心责任感强、相对稳定的专业化评估队伍，评估人员主要由督学、学前教育行政人员、教研人员、园长、骨干教师等组成”。

（三）收集评价信息

评价小组实地观察幼儿园的环境创设情况，包括室内外环境、设施配备、空间布局、装饰风格、玩具教具等，并用拍照或录像的方式记录观察过程中发现的问题和亮点。

评价小组还需要灵活运用多种评价方法，多与幼儿园教师和相关管理人员进行交流，了解他们对环境创设的看法，并通过问卷调查、座谈会等方式收集幼儿和家长对幼儿园环境的反馈意见。

（四）分析评价数据

评价小组对收集到的各项评价信息进行量化分析，如安全设施的完善程度、教育元素的丰富程度等，努力做出客观、公正的评价，并根据分析结果，总结幼儿园环境创设中的优缺点，并针对环境创设中出现的问题或不足提出具体、合理的建议。

在分析评价数据的过程中，评价小组应综合使用多种评价类型和方法，灵活参考各项评价指标，尽可能提高评价的有效性和准确性。

（五）撰写评价报告

评价小组将评价结果以书面报告的形式呈现出来。评价报告应有详细的文字描述、清晰的图片和具体的数据，以供评价对象阅读和参考。然后，评价小组应将评价报告交给幼儿园，指导其根据评价报告改进环境创设，提高教育质量。

评价之后汇总的有关评价对象、评价方案、评价结果及改进措施等资料要分类存档管理，为日后开展评价工作提供参考，也为管理部门进行决策提供依据。

环创微课堂

关注个性，彰显多元——幼儿园环境评比活动

如今，环境育人理念深入人心，“无声”的教育环境不仅能起到装饰与美化空间的作用，还能作为鲜活的课程，成为幼儿学习的有效手段。本次环境评比主题为“关注个性，彰显多元”，旨在通过环境创设关注不同年龄段幼儿的个性表达、多元表征，传达出幼儿园追求“站在幼儿视角，培育幼儿核心素养”的教育理念。

一样的主题，不一样的精彩

结合季节特点与幼儿经验积累的需求，小班开展了“动物花花衣”主题活动，中班开展了“春天来了”主题活动，大班开展了“在动物园里”主题活动。

一样的主题，老师们结合各班幼儿的发展水平、兴趣特点、认知特点，创设出了不同的环境。每个班级的主题墙都根据不同年龄段幼儿对知识的需求设置了相应版块，其内容非常丰富，呈现的方式也多种多样，有图片、手绘画、实物、立体材料、记录表、亲子调查表等。在整个主题墙上，可以清晰地了解到幼儿想要学习的重点、难点、兴趣点，观察到幼儿学习的轨迹。同时，根据幼儿的年龄特点及发展需求，老师们设计出一份份独具匠心的个性化学习材料。这些材料展现了幼儿正在互动、探索的主题，把个性化学习的知识内容自然地融入生动的情景中，可以帮助幼儿快乐游戏、主动学习，如图8-2所示。

各班还开展了各具特色的区域活动，观摩教师仔细地观察幼儿在区域里的活动，关注幼儿在自主游戏中的状态，用心记录幼儿之间的互动。幼儿在宽松愉悦的氛围中随心所欲地进行游戏，与同伴们开心地互动与交流。

图8-2 幼儿在游戏中学习

真实的记录，最特别的童心

幼儿园十分重视幼儿作为课程环境的主体价值。因此，在主题开展的过程中，老师们格外注重与幼儿的探讨，积极挖掘主题中幼儿真正关注、感兴趣的热点，鼓励幼儿以多种方式来记录自己调查的过程与发现的结果。因此，教室里随处可见幼儿质朴、个性的记录痕迹，以及幼儿和周围环境之间的有效互动。幼儿还通过互帮互助、你问我答等方式不断改善环境创设效果，真正成为环境创设的主人，如图8-3所示。

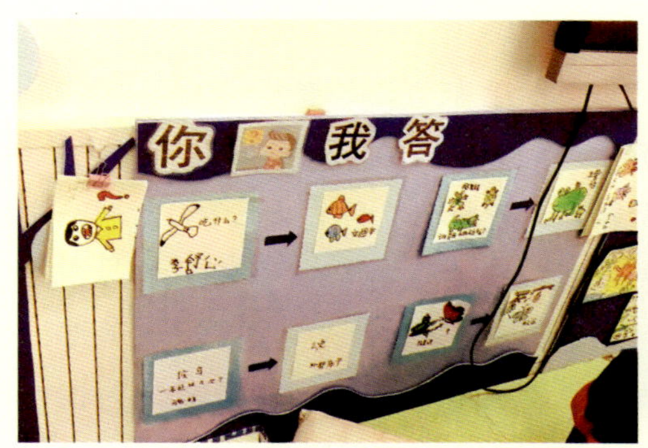

图8-3 你问我答的环境创设方式

非物质文化遗产蕴含了古人的智慧与经典传承。为了增进幼儿爱家乡、爱祖国的情感，老师们把非物质文化遗产元素巧妙地融入美工区，让幼儿在美工区邂逅非物质文化遗产。幼儿化身小小民间艺术家，用不同的表现手法大胆地表达自己的想象力，如图8-4所示。走进班级美工区，琳琅满目的艺术作品映入眼帘，有古色古香的泥塑青铜器，有水墨诗意的毛笔画，有纸浆着色的京剧脸谱，还有可爱质朴的手工艺品……通过亲密接触，幼儿在非物质文化遗产的熏陶中，产生了丰富的联想，提高了审美能力和创造力。

图8-4 幼儿将非物质文化遗产元素融入美工活动

智慧的凝结，看得见的成长

每一次的环境评比，老师们都全身心地投入，贡献自己的智慧。在这一过程中，老师们得以快速成长。很多年轻老师虽然经验不足，但是在活动中，他们刻苦钻研，逐渐明确了各区域创设的要素，创设出了新颖、巧妙的环境和个性化学习材料，充分满足了幼儿的学习需求，激发了幼儿的探索欲望。

观摩结束后，老师们坐在一起进行研讨。园长首先对各班级的亮点予以点赞，指出每个班级环境中都有值得大家学习的亮点，然后就存在的问题与老师们进行深入交流，提出了许多宝贵建议。老师们通过研讨反馈，构建起一个相互交流与学习、资源共享的平台，进而促进自身的专业化成长。在思维的碰撞中，很多老师加深了对主题背景的理解，产生了新的环境创设思路和优化策略。

（资料来源：闵行区春申景城幼儿园，《对话“无声”环境，浸润“多彩”童心》，网易，2019年8月13日）

环创小热身

一、单项选择题

1．按照评价范围的不同，幼儿园环境评价可分为（　　）。

A．过程性评价和结果性评价

B．整体评价和局部评价

C．内部评价和外部评价

D．物质环境评价和精神环境评价

2．按照评价时间的不同，幼儿园环境评价可分为（　　）。

A．过程性评价和结果性评价

B．整体评价和局部评价

C．内部评价和外部评价

D．物质环境评价和精神环境评价

3．对幼儿园环境创设成果的评价主要包括（　　）。

A．室内环境的评价和室外环境的评价

B．班级环境的评价和园内环境的评价

C．活动区域的评价和活动材料的评价

D．物质环境的评价和精神环境的评价

4．（　　）是指在进行幼儿园环境评价时，应秉承实事求是的态度，客观地评价幼儿园环境。

A．全面性原则　　　　B．发展性原则

C．可行性原则　　　　D．客观性原则

5．下列说法错误的是（　　）。

A．评价者对幼儿园环境进行评价时，应选择科学、可靠的评价体系

B．评价者对幼儿园环境进行评价时，应建立多方参与的评价机制，让家长、教师、幼儿园的管理人员、相关管理机构的人员等共同参与评价活动

C．幼儿园环境评价对提高幼儿园环境创设水平非常重要，所以需要经常开展，最好是一周一次

D．对幼儿园环境进行评价时，评价者不能只考虑评价指标是否全面、具体，而是应该结合教育目标和幼儿的身心发展特点，全面考虑教师、幼儿、家长等各方面的因素，制定系统且具体的评价标准

6.（　　）的优点在于评价者能通过对幼儿园环境创设成果的分析和比较，较为准确地对幼儿园环境进行评价。

A. 观察评价法　　B. 等级评价法

C. 成果评价法　　D. 谈话评价法

7. 下面不属于评价方案制订内容的是（　　）。

A. 评价目的　　B. 评价小组

C. 评价方法　　D. 评价时间

8. 评价者设计评价方案的步骤是（　　）。

A. 选择评价方法——确定评价目的和评价内容——确定评价指标——选择评价时间——撰写评价方案

B. 选择评价时间——选择评价方法——确定评价目的和评价内容——确定评价指标——撰写评价方案

C. 选择评价方法——确定评价指标——确定评价目的和评价内容——选择评价时间——撰写评价方案

D. 确定评价目的和评价内容——选择评价方法——确定评价指标——选择评价时间——撰写评价方案

二、简答题

1. 简述幼儿园环境评价的重要性。
2. 简述幼儿园环境评价的步骤。
3. 简述幼儿园环境评价的原则。

三、材料分析题

材料：某幼儿园位于市中心，占地面积较大，拥有多个室外活动区域。园内设有音乐室、科学实验室、美术室等各类专用教室。每个班级都有独立的教室和活动区，并且每个教室都配备了智能黑板和多媒体设备。此外，幼儿园还设有宽敞的户外活动场地，包括草坪、沙坑、大型游乐设施等。

“码”上看解析

在环境创设方面，幼儿园注重色彩搭配，整体装饰风格给人一种温馨、舒适的感觉。同时，幼儿园还注重环境的教育功能。例如，在走廊墙壁上展示了各种动植物的图片和文字介绍，帮助幼儿了解自然世界；在教室内设置了图书角，以培养幼儿的阅读兴趣；等等。

然而，评价者在进行环境评价的过程中也发现了一些问题。首先，尽管幼儿园提供了多样的专用教室，但部分专用教室的使用频率不高，如科学实验室和美术室。其次，尽管幼

儿园非常重视环境的教育功能，但某些区域的环境创设过于成人化，不够贴近幼儿的生活和经验。最后，虽然户外活动场地宽敞，但部分游乐设施存在安全隐患，如滑梯的扶手松动等。

请仔细阅读上面的环境评价材料，分析该幼儿园环境的特点，并针对材料中提出的问题给出改进建议。

制订“看见儿童”主题环境评价方案

为充分发挥环境育人的作用，推动幼儿园整体环境的创设，某幼儿园开展了以“看见儿童”为主题的环境观摩评比活动。活动要求对每个班级的物质环境和精神环境做出评价，并提出改进建议。

请学生以小组为单位，根据要求制订一套可行的主题环境评价方案，为该幼儿园的观摩评比活动提供参考。

【活动步骤】

（1）全班同学分成若干小组，每组3～5人，各组选出1名组长。

（2）各组成员合理分工，根据所学知识，围绕“教师怎样创设一个以幼儿为中心的环境”“进行环境评价时应采用哪些评价方法，如何确定具体的评价指标”等问题充分讨论。小组成员轮流发言，组长组织讨论并记录每个成员的发言情况。

（3）各组整理本组讨论的结果，根据本模块所学内容，制订一套完整的评价方案，并将表8-2填写完整。

表8-2 “看见儿童”主题环境评价方案

项目	要求
评价目的	

续表

<table>
<tr><th>项目</th><th colspan="3">要求</th></tr>
<tr><td>评价内容</td><td colspan="3"></td></tr>
<tr><td>评价方法</td><td colspan="3"></td></tr>
<tr><td rowspan="5">评价指标</td><td rowspan="5">物质环境</td><td>主题墙面</td><td></td></tr>
<tr><td>走廊</td><td></td></tr>
<tr><td>活动区</td><td></td></tr>
<tr><td>家园联系栏</td><td></td></tr>
<tr><td>门窗</td><td></td></tr>
</table>

续表

<table>
<tr><th>项目</th><th colspan="3">要求</th></tr>
<tr><td rowspan="3">评价指标</td><td rowspan="2">物质环境</td><td>盥洗室</td><td></td></tr>
<tr><td>睡眠室</td><td></td></tr>
<tr><td>精神环境</td><td></td><td></td></tr>
</table>

【活动交流】

（1）各组派代表在班级中汇报本组的环境评价方案。

（2）各组自由讨论，交流心得感悟。

（3）每个成员总结此次调查讨论活动。要求：① 总结收获及经验教训；② 写出自己未来在幼儿教师的工作岗位上进行幼儿园环境评价的工作思路。

【综合评价】

请学生本人、小组成员、指导教师针对学生在本模块的实际学习成果进行评价，完成表8-3所示的学习成果评价表。

表8-3　学习成果评价表

<table>
<tr><td>班级</td><td></td><td>组号</td><td></td><td>日期</td><td colspan="3"></td></tr>
<tr><td>姓名</td><td></td><td>学号</td><td></td><td>指导教师</td><td colspan="3"></td></tr>
<tr><td>项目</td><td colspan="3">评价内容</td><td>分值</td><td>自评</td><td>互评</td><td>师评</td></tr>
<tr><td rowspan="2">理论知识（30%）</td><td colspan="3">能简要阐述幼儿园环境评价的重要性、原则、类型和内容</td><td>15</td><td></td><td></td><td></td></tr>
<tr><td colspan="3">能结合实例详细阐述幼儿园环境评价的方法与步骤</td><td>15</td><td></td><td></td><td></td></tr>
<tr><td rowspan="4">活动实施（40%）</td><td colspan="3">积极参与课堂内外交流，认真做好实践活动准备</td><td>10</td><td></td><td></td><td></td></tr>
<tr><td colspan="3">勤于实践，勇于创新，在活动中表现积极，充分发挥个人作用</td><td>10</td><td></td><td></td><td></td></tr>
<tr><td colspan="3">能结合所学知识对评价方案的制订提出有价值的想法，制订的评价方案细致，符合幼儿园环境创设的目标</td><td>10</td><td></td><td></td><td></td></tr>
<tr><td colspan="3">PPT结构合理，逻辑清晰，重点突出，图文并茂；汇报时表达流畅，且能吸引听众兴趣</td><td>10</td><td></td><td></td><td></td></tr>
<tr><td rowspan="3">综合素养（30%）</td><td colspan="3">具备自主学习意识和独立思考能力，能够利用课余时间主动复习功课，并针对有疑惑的地方主动到图书馆查阅资料或与同学和教师进行深入探讨</td><td>10</td><td></td><td></td><td></td></tr>
<tr><td colspan="3">具备良好的团队合作精神，能够在课堂活动和实践活动中与他人相互协助、合作学习</td><td>10</td><td></td><td></td><td></td></tr>
<tr><td colspan="3">具有一定的创新意识，遇到问题时能够积极思考并发散思维，尝试从不同角度思考问题，为团队提供解决问题的新思路和新方法</td><td>10</td><td></td><td></td><td></td></tr>
<tr><td>总评</td><td colspan="4">自评（20%）+互评（30%）+师评（50%）=</td><td></td><td></td><td></td></tr>
<tr><td>自我评价</td><td colspan="7"></td></tr>
<tr><td>教师评价</td><td colspan="7"></td></tr>
</table>

参考文献

[1] 王海英. 幼儿园环境创设与实践案例 [M]. 北京：人民教育出版社，2024.

[2] 陈为，杜凤岗，陈明. 幼儿园环境创设 [M]. 北京：首都师范大学出版社，2022.

[3] 何桂香. 幼儿园环境创设与利用 [M]. 北京：北京师范大学出版社，2023.

[4] 袁爱玲，单文顶. 幼儿园教育环境创设 [M]. 2版. 北京：高等教育出版社，2022.

[5] 幼师口袋. 图解幼儿园环境创设 [M]. 上海：华东师范大学出版社，2018.

[6] 熊伟，张更立. 幼儿园园长胜任能力十五讲 [M]. 北京：清华大学出版社，2023.

[7] 玛丽亚·蒙台梭利. 有吸收力的心灵 [M]. 蒙台梭利丛书编委会，译. 北京：中国妇女出版社，2017.

[8] 董旭花，韩冰川，张海豫. 幼儿园户外环境创设与活动指导 [M]. 北京：中国轻工业出版社，2018.

[9] 刘晓花. 图解幼儿园班级区域设计与材料投放 [M]. 南京：南京师范大学出版社，2022.

[10] 杨道才. 幼儿园环境创设 [M]. 2版. 北京：中国劳动社会保障出版社，2020.